아침을 깨우는 지혜법문

WBS 원음방송
오늘을 살아갈 법문

아침을 깨우는 지혜법문

양현수 지음

WON BOOK 원불교출판사

아름답던 시절에 외우던 법문

바닷가의 철길은 녹슨 곳이 많다. 남국의 종착점인 고향 역은 나에게는 시발점인데 친구와 그곳의 철길을 끝없이 걷던 때가 있었다. 우리들의 사색은 인생의 좌표설정에 모였지만, 그냥 걷는 것이 즐겁고 친구와 그 어깨너머로 넓게 퍼져나간 푸른 바다가 좋았다.

아름답던 고교 시절인 1965년 6월 16일, 나는 친구 최도인崔道仁으로부터 삶을 결정짓는 원불교 신앙을 얻었다. 스승 창타원 김보현昌陀圓 金普現 교무님을 만났고 학생회 조직에 착수하며 서슴없이 인생로드맵을 설계하였다. 『원불교교전정전·대종경』을 받아들고 얼마나 감탄했는지 모른다. 교무님으로부터 받든 최초의 법문이 사은四恩 곧 천지·부모·동포·법률의 큰 은혜인데, 자신의 존재 근거와 조건을 찾고 있던 당시에 폐부를 찌르는 감동이었다. 그리고 법문의 근간을 이들 경전을 통해 선명하게 확인하면서 커다란 희열을 간직하게 되었다. 그것은 새로운 생명을 얻는 일이었다.

그로부터 경전의 법문은 항상 자신을 지켜주었고 부모님 진영처럼 삶의 자양분이 되었다. 경전을 통해 자신을 찾고 세상을 긍정하며 모든 가치를 인정하게 되었다. 일상의 생활에서 경전이 전하는 도리를 보고 느끼고 실천하게 되었으니 삶의 지남指南으로 자리해 온 것이다.

이렇게 법문을 모시고 받들다 보니 세월 따라 같은 내용의 의미가 점점 깊어지고 풍성해지는 느낌이 있다. 그간에 천·지·인 삼재天地人 三才를 화두話頭처럼 여기고 있었는데, 어느 사이엔가 천시天時를 지금 여기 이 일로부터 풀어 정성誠으로 새기고, 지리地利를 거듭나는 환경 가꾸기에 두어 공경敬으로 새기며, 인화人和를 시비이해로 운전되는 이 세상을 더불어 살아나가는 조화로 풀어 신의信로 새기게 되었다.

세상의 변화 이치를 담은 유교 경전 『주역』을 비롯해서 불교의 『법화경』, 도교의 『남화경』, 그리스도교의 『신약성서』, 그리고 천도교의 『동경대전』 등 이웃 종교의 다양한 경전에도 주목해 왔다. 그것은 창의이며 그래서 매일의 생활에 지혜를 찾는 즐거움을 간직하게 되었다.

원음방송에서 청취자들을 위해 <오늘을 살아갈 법문>

을 담당하도록 부탁해왔을 때 망설임 없이 다시 펼친 것이 어렸을 적부터 지송持誦해오던 법문이다. 『대종경』과 『정산 종사법어』는 주지하는 바와 같이 원불교의 주요 경전으로, 각각 교조 소태산 대종사少太山大宗師 朴重彬, 1891~1943와 후계 종법사인 정산 종사鼎山宗師 宋奎, 1900~1962의 언행록이다. 성현 聖賢의 언행을 새기고 본받아 실천한다면 종교의 본질인 뉘 우침과 닮아감의 지름길이 될 것으로 생각되었다. 이 두 경 전을 열어 마음에 와 닿는 말씀을 방송으로 새겨 전하면서 설렘과 보람 속에 보낼 수 있었다.

방송은 오래전(2007. 2.~6.)의 일로, 그때 시청자와 만나 나누었던 이야기를 문어체로 바꾸어 편집해 놓은 원고이다. 이들을 원불교 개교100주년(2016) 성업의 일환으로 『원불교 전서』의 일본어 역을 마쳐 출간하면서 다시 새겨보게 되었 다. 4~5분이라는 짧은 시간을 공중파 방송의 콘셉트에 맞추 어 모두가 지혜롭고 건강한 하루 되기를 염원했던 그 마음 이 지금도 뜨겁게 다가온다.

법문을 잘 새기기 위해서는 설법이 베풀어진 연기緣起도 밝히고, 그 대의大義와 교리적 성격, 그리고 사회문제에 대한 해답도 도출해야 한다. 그러나 방송은 모든 사람을 대상으 로 하게 된다. 따라서 법문에 연유하여 일반적인 언어로, 오늘을 살아갈 생활인의 지혜를 담기로 하였었다. 다만 원불교와 법문이나, 경전에 대한 안내가 필요한 것으로 보고 끝에 「원불교의 가르침과 경전」을 붙여, 참고에 응하도록 하였다.

　　책 이름을 『아침을 깨우는 지혜법문』으로 붙였으니 명상으로 풍성한 삶이 되기를 염원한다. 방송 중에는 김준영 교무님이 PD로 활약하면서 잘 이끌어 주셨다. 지금은 멀리 캐나다의 교화현장에서 활약하고 계시니, 여기에 적어 사의를 표한다.

원기 102년(2017) 4월 길일
익산 우보牛步 서재에서 양현수 합장

차례

제Ⅰ부 대종경의 가르침

제 I 부 대종경의 가르침

소태산 대종사란 어떤 인물인가

소태산 대종사少太山大宗師 朴重彬, 1891~1943는 원불교 교조이다. 1891년 전남 영광군 백수읍 길룡리에서 태어난 그는 어려서부터 우주 자연현상과 인생에 대하여 큰 의심을 일으켰다. 이를 해결하기 위해 오랜 구도 끝에 1916년 4월 28일 이른 아침의 서광을 받으며 대각大覺을 이룬다. 이로 인해 원불교가 창교되었으니 그해가 원기圓紀 원년이다.

대각을 이룬 그는 당시의 사회상황을 살펴 개교표어를 「물질이 개벽되니 정신을 개벽하자」로 정하였다. 『금강경金剛經』의 열람을 통해 자신의 깨달음이 서가모니불과 같음을 알고 그를 연원불淵源佛로 삼아 불법佛法주체의 회상會上창립을 선언하였다.

9인제자들과 더불어 저축조합운동과 방언공사, 법인法認기도, 그리고 교리강령을 제정한 다음 1924년 창립총회를 거쳐 현재의 익산 성지에 원불교중앙총부를 정하고 공동생활을 시작하였다. 일제의 갖은 압박 속에서 교단체제를 정비하고, 교리를 갖추어 『정전正典』을 편찬함으로써 제도이념濟度理念을 확립하였다. 일제 말기인 1943년에 열반을 나투었으며, 교단은 정산 종사鼎山宗師 宋奎, 1900~1962에게 주법이 계승되었다.

대종경은 어떤 경전인가

『대종경大宗經』은 소태산 대종사의 언행록으로 원불교 구종교서九種教書의 하나이다. 『정전正典』을 원경元經이라 하는 데 대하여 『대종경』은 통경通經으로 부른다. 구종교서는 이들과 함께 『불조요경佛祖要經』·『예전禮典』·『성가聖歌』·『세전世典』·『정산종사법어鼎山宗師法語』·『교사教史』·『교헌教憲』을 가리킨다. 여기에 『대산종사법어』가 편수되었으니, 현재는 십종교서가 된다.

1962년 『원불교교전』이라는 이름으로 『정전』과 합간된 『대종경大宗經』은 총 15품으로 구성되었다. 서품序品·교의품教義品·수행품修行品·인도품人道品·인과품因果品·변의품辨疑品·성리품性理品·불지품佛地品·천도품薦度品·신성품信誠品·요훈품要訓品·실시품實示品·교단품教團品·전망품展望品·부촉품附囑品이 그것이며 이들에 547장의 법문이 엮어져 있다.

존대 받는 삶

세상은 공동시장 같아서 수많은 사람들이 어울려서 살아가고 있다. 남녀는 물론 늙은이 젊은이, 그리고 선악과 귀천을 가릴 것 없이 여러 종류의 사람들이 섞여 있다. 인심이 후한 사람, 깍쟁이, 온순한 사람, 꽤나 성질이 거칠어 닥치는 대로 시비를 거는 사람도 있다. 그 가운데 서로 가정을 꾸리고 사회를 만들고 세상을 이루어 간다.

그런 세상을 시비이해是非利害로 운전된다고 한다. 옳고

그르고, 이롭고 해롭고 하는 분별로 세상은 이루어져 있다. 스스로 옳다고 하지만 사람들은 그렇게 알아주지를 않는다. 같은 주장인데 어떤 사람이 말하면 수긍하고 다른 사람이 말하면 틀리다고 한다. 어제는 옳던 일이 오늘은 그른 일이 된다.

세상은 이처럼 오묘하고 다양하다. 그냥 머물러 있지 않고 생생약동生生躍動하여 변화해가는 것이 사회요, 세상이다. 이런 사회를 지혜롭게 살아가는 방법이 무엇인지, 생각하면서 살아가는 것이 중요하다.

행복이란 만나는 사람들로부터 깊은 사랑을 받는 데서 비롯된다. 살아 있는 사회, 변화하는 세상이니까, 열린 마음으로 만나야 너도 나도 같이 살아갈 수 있다. 눈앞의 시비이해에만 매달려 구차하게 살아서는 안된다. 저 사람의 처지도 보고 나의 입장도 생각하면서 같이 거듭나는 길을 택하는 것이 지혜로운 삶의 자세이다.

시장에서 장사하는 사람 모두가 이익만 보고 손해는 보지 않으려고 한다. 그러나 실제로는 손해를 보는 사람도 있고, 이익을 보는 사람도 있게 마련이다. 오늘은 손해였던 것이 내일은 이익으로 돌아오는 경우도 있다.

어느 식당의 주방장은 일이 너무 힘들었다. 어리석은

마음에 '에라 모르겠다, 이 집구석 망해버려라' 하면서 살코기를 뭉텅뭉텅 크고 두껍게 썰어 마구 내주었다. 결과가 어떻게 되었을까? 주방장의 바람과는 반대로 손님이 엄청나게 몰려들어 그 식당은 대박을 터뜨렸다.

이 세상사람 누구나 받들고 위해 주어 싫어할 사람이 없다. 그렇게 존대하면 그 사람도 나를 홀대하지 않을 것은 당연하다. 그런데 어리석은 사람은 자기 이익만을 내세우면서 세상이 몰라준다고 원망한다.

지혜로운 사람은 나를 드러내지 않고 저 사람을 위해주면서 산다. 못난 듯 어눌한 듯 항상 손해 보는 것 같다. 그러나 그런 사람이 결국은 성공을 거둔다. 그런 사람을 덕 있는 사람이라고 하고, 덕이 있는 사람은 어느 곳을 가든지 대중의 환영과 보호를 받게 된다.

우리 모두 주위 사람을 아끼고 존대하는 하루가 되었으면 좋겠다. 거기에 다른 사람으로부터 존대 받는 원리가 있다.

지혜로운 사람

세상에는 지혜로운 사람이 많다. 그런 사람은 다른 사람을 지도하고 업무를 처리해 나가는 데도 수월스럽다. 복잡하고 어려운 문제인데 그 사람이 들면 금방 풀리고 일에 능률이 오른다.

지혜로운 사람은 어려운 말을 하지 않는 데도 무게가 실린다. 목소리를 높이지 않는 데도 귀 기울여 듣게 된다. 일과 이치의 본질을 분명하게 밝히고, 거리낌 없이 논지의 핵심을 꿰뚫어 여러 사람들의 눈을 바르게 이끌어주는 사람을 우리는 지혜로운 사람이라 부른다. 우리들의 어머니처럼 사람과 사물을 곱게 보도록 가르치는 사람, 쉬운 말로 세상을 의롭게 살도록 인도해주는 그런 사람이 지혜로운 사람이다.

재주나 학식을 자랑하는 지식인이 아니라, 앎을 실천하는 생활 속의 지혜로운 사람이 이 세상에 가득 넘쳤으면 좋겠다. 어려서는 그저 평범했던 사람이 커가면서 점점 지혜로워지는 경우가 있다. 나이 들면서 아름답고 지성미가 넘치는 분이 있다. 인생의 황혼을 맞이하면서도 건강하고 곱게 늙으면서 여유로움과 덕성이 풍기는 그런 인물이 되기를 모두가 원한다.

그런데 젊어서 의롭고 지혜로웠던 사람이 나이가 들면서 차츰 옹졸하고 각박해진다면 얼마나 안타까운 일인가? 예로부터 도인들, 수도修道에 전념하는 지혜로운 이들을 우리는 선지식善知識이라고 부른다.

우리들의 지혜를 어둡게 하는 조건이 있다면 무엇인가? 욕심과 집착을 경계할 필요가 있다. 그렇다면 선지식처럼 지혜로워지는 방법은 무엇일까? '결합은 분해의 역순'이라는 말처럼, 지혜 어두워지는 조건에서부터 풀어가야 할 것이다. 곧 욕심을 넘어서고 소질에 대한 집착을 벗어나는 방법이다. 그렇게 되면 누구나 지혜가 밝아지게 된다.

어떤 일을 처리하거나 사물을 접할 때 욕심을 넘어서서 중도로 구해나가면 극단을 피하는 힘이 생긴다. 넘치지도 덜하지도 않으면서 대의에 맞고 때에 맞는 중도행中道行, 이른바 시중時中의 행동을 하니까 차츰 일과 이치 간에 지혜로워지게 된다. 그리고 자기의 소질에 집착하지 않으므로 세상을 너른 눈으로 보는 힘이 생긴다.

자기 장기長技에만 집착하는 것은 마치 야구시합에서 투수가 한 가지 구질만을 고집하는 것과 같다. 따라서 승리를 쟁취할 수도 없고, 기량을 키워나가기도 어렵게 된다. 바둑을 둘 때, 제 삼자가 한 수 더 본다는 말이 있다. 욕심과 집착을 떠나 객관적으로 사물을 보면 저절로 널리 잘 보게 된다는 말이다.

고려말의 선사 나옹혜근懶翁惠勤, 1320~1376의 노래偈頌가 생각난다. 탐욕도 벗어놓고 성냄도 벗어놓고, 물같이 바람같이 사는 모습이 아름다운 삶이다. 그것이 슬기롭고 건강한 삶이다.

욕심과 서원

너그럽고 큰 마음을 쓰면 생활이 한가롭고 넉넉해진다. 한가한 휴일 오후에 바닷가를 산책하는 것처럼, 걸릴 것도 막힐 것도 없는 그러한 너그러운 마음을 간직하면 얼마나 좋을까?

같은 마음인데도 때와 장소에 따라, 그리고 조절하는데 따라 상태가 달라진다. 같은 친구인데, 시장에서 만나면 이익과 신용의 문제를 생각하게 되고, 꽃집에 가면 아름다운 것을 찾게 된다. 술자리를 함께 하면 누가 더 호탕한가에 열중하게 될 것이며, 토론장에 가면 자기의 논지가 옳다고 목소리를 높이게 된다. 그런데 이 친구들이 좌선坐禪이나 요가를 할 때면 어떨까? 몸과 마음을 오롯하게 간직하는데 주의를 기울이게 될 것이다.

　　같은 사람들인데 왜 이렇게 발상이 다를 수 있을까? 바로 마음 작용 때문이다. 마음은 미묘하여 잡으려고 해도 잡을 수 없고, 놓으려고 해도 놓을 수가 없다. 그렇다고 마음이 없는 것이 아니다. 내가 짓는 일을 살피면 잠시도 쉬지 않고 내 앞에 드러나는 마음의 모양새를 뚜렷하게 보게 된다.

　　인도말로 치타citta라고 부르는 이 마음을 "다람쥐 쳇바퀴 돌듯 잠시도 쉴 줄 모르네"라고 노래하기도 한다. 마음이 생생약동하게 살아 있다는 증거이다.

　　평소에 온화하던 사람이 큰 일을 당하면 어쩔 줄 모르고 당황하는 경우가 있다. 이를 바로 잡으려면 평소에 마음 다스리는 공부가 필요하다. 마음공부 말이다. 좌선이나 명상도 하고, 자신의 일터에서 이루어지는 일과 이치며 사람들의 마음작용을 되돌아보기도 하고, 또 역사 유물도 둘러보면 어떨까? 위인전을 읽으면 큰 인물, 마음이 넓은 인물이 경영한 큰 살림을 알게 된다. 성현聖賢들의 언행록言行錄인 경전經典을 자주 받들면 나의 마음이 환해지고, 저절로 슬기로워진다.

"큰 욕심으로 키우라"는 말씀은 매우 역설적이다. "욕심 내지 말라"가 아니다. "작은 욕심을 큰 서원誓願으로 바꾸라"는 것이다. 사실 욕심과 서원은 같은 바람이다. 욕심은 나만을 위한 원願이고, 서원은 모두를 살리려는 욕심이다. 문제는 작은 삶을 살 것인가, 크고 영원한 삶을 살 것인가에 있다. 조그마한 발상의 차이가 결국은 큰 구별을 가져오니, 자신을 돌이켜 볼 일이다.

모두가 우러르는 슈바이처1875~1965 박사는 우리 주위에서 흔히 만나게 되는 의사의 한 분이었다. 같은 의사 선생님인데 특히 그가 존경을 받는 것은 자신의 작은 욕심에 빠지지 않았기 때문이다. 민족과 국가의 울을 넘어 아프리카의 오지에서 인술仁術을 펴는 그 큰 마음, 큰 살림을 흠모했다는 것이다.

눈앞에 보이는 조그마한 이익에 욕심을 낼 것이 아니라 나라를 구하고 어려운 사람을 건져나가는 인물로 자기를 키워나가는 큰 원願이 필요하다. 서원이란 무엇인가? 수신修身·제가齊家·치국治國·평천하平天下 곧 자신을 닦고 집안을 가꾸고 나라를 다스리고 천하를 바루어 나가는 바람이 곧 서원이다.

큰 마음으로 천하를 한 차례 내 마음속에 품어 보는 것이 어떨까?

주고받는 이치

> 대종사 말씀하시기를 「우주의 진리는 원래 생멸이 없이 길이
> 길이 돌고 도는지라, 가는 것이 곧 오는 것이 되고 오는 것이 곧
> 가는 것이 되며, 주는 사람이 곧 받는 사람이 되고 받는 사람이
> 곧 주는 사람이 되나니, 이것이 만고에 변함없는 상도常道니라.」
>
> 『대종경』인과품 1장

우리는 이 세상의 돌고 도는 이치 속에서 살아가고 있다. 가만히 자리에 앉아 있으나 지구가 자전하면서 태양계를 공전하고 있으므로 단 한 때도 머물러 있는 일이 없는 셈이다. 시간과 공간이라는 역사 세계에 몸을 나투고 사는 우리는 태어나서 이 생生을 마칠 때까지 한시도 정체되어 있지 않다는 말이다. 우리 몸속에 헤아릴 수 없이 많은 세포가 찰나찰나에 생과 사를 거듭하면서 이 몸을 유지해주는 그 은혜 가운데 생명을 보존하게 되니, 참으로 오묘한 이치이다.

유구한 국가의 역사가 뭉쳤다가 흩어지고 흩어졌다가 뭉치면서 전개되는 것처럼, 세상은 밤과 낮이 교대하고 사계절이 순환하여 거듭하면서 지탱된다. 그래서 "우주에 변화하지 않는 것은 없다. 다만 모든 것이 변한다는 진리만 변하지 않을 따름이다."라고 하는 것이리라.

가끔 우리의 일생이 부싯돌을 '탁' 하고 칠 때에 일어나는 섬광과 같은 찰나라는 생각을 갖는다. 그러니 이 생을 알뜰하게 가꾸어야 하지 않겠는가? 다음 생으로 이어지는 알뜰함도 그 가운데 영글게 된다.

텔레비전에 '상주의 의로운 소' 이야기가 여러 차례 방영되었다. 자기를 아껴주던 이웃 할머니가 돌아가셨을 때 뿔이 닳도록 벽을 받으며 괴로워하던 소. 고삐를 풀어주니 할머니 무덤에 찾아가는 그 영물스러운 '의로운 소'가 운명하였다.

인간이나 가축이나 목숨은 같은 것이라서 생을 마치며 거친 숨을 몰아쉬는 모습이 애처로웠다. 탈진해서 죽은 것 같던 소에게 옆집 할머니의 영정을 들이 밀자, 물끄러미 할머니를 바라보던 소가 기력을 다하여 발버둥치며 혀로 영정을 핥는 모습은 흡사 부모 자녀사이 같이 아름다웠다.

'의로운 소'를 잃은 주민들은 후하게 장례를 치러주었

으니, 베푼 만큼 되돌아오게 되는 인과의 이치를 본다. 짐승도 그러한데 사람 사이에 은혜를 지으면 은혜가 솟아나는 것을 새삼 강조할 필요가 있겠는가? 불생불멸不生不滅의 영원한 이치와 인과보응因果報應의 주고받는 이치로 세상을 살피면 우리의 존재를 비춰보는 좋은 거울이 될 것이다.

"피레네 산맥 저쪽편의 정의는 이쪽편의 불의"라는 말이 있다. 입장을 바꿔 놓고 보면 주는 것이 받는 것이 되고, 받는 것이 주는 것이 된다. 처지를 바꾸어서 생각해주는 '역지사지易地思之'가 바로 그런 원리이다.

어제와 오늘, 그리고 내일을 내다보는 여유로운 마음을 가꾸면 삶이 아름다워진다. 위와 아래, 그리고 주변을 살펴보는 너른 안목으로 오늘을 열어가면 좋겠다. 너그럽고 여유로운 마음으로 여는 하루, 그것이 복된 날이다.

상극에서 상생으로

> 한 제자 어떤 사람에게 봉변을 당하고 분을 이기지 못하거늘, 대종사 말씀하시기를 「네가 갚을 차례에 참아 버려라. 그리하면, 그 업이 쉬어지려니와 네가 지금 갚고 보면 저 사람이 다시 갚을 것이요, 이와 같이 서로 갚기를 쉬지 아니하면 그 상극相尅의 업이 끊일 날이 없느니라.」 『대종경』인과품 10장

까닭 없이 봉변을 당하면 얼마나 억울할까? 아마 분을 참아내기 어려울 것이다. 억울함을 호소해도 사람들이 알아주지를 않는다. 그렇다고 세상을 원망하며 술기운에 의지하여 대항하면 자기의 입장만 더욱 난처해진다. 우리 고향에서는 '그물 망태에 든 강아지'를 '구럭에 든 강생이'라고 한다. 마치 구럭에 든 강생이처럼 감정만 앞세워 버둥대는 것은 분별 있는 행동은 아니다.

초등학교 1학년 어린이가 쓴 '마음공부 일기' 한 편을

읽어 보자.

아침에 형이 내 발을 걸고 넘어졌다. 일어나더니 주먹으로 나의 머리를 쥐어박았다. 나도 주먹을 쥐어 형을 때려주었다. 그러자 형이 더 세게 나를 때렸다. 내가 더 세게 때려 줘야지. 주먹을 힘껏 쥐었다. 앗, 경계境界다! 나는 참았다. 이상 끝.

동생의 다음 주먹이 나갔으면 어떠했을까? 그런 의미에서 동생의 판단은 현명했다. 내가 갚는 것이 바로 새로운 인연을 짓는 일이다. 주고받는 이치를 생각해보면 내가 갚을 차례에 마음을 다스려 참는다면 업業은 쉬어진다. 그리고 새로운 인연관계가 이루어진다.

업을 산스크리트 어로 '카르마karma'라고 하는데 짓는 바, 우리의 행위를 뜻한다. 행위를 통해 새로운 인연이 쌓이고, 습관이 생겨 두고두고 다음 행위에 영향을 미치게 된다.

어느 도인道人이 고준한 인격으로 널리 존경을 받고 있었다. 그러던 어느 날 근처의 처자가 어린애를 낳아 안고 도인을 찾아와, 맡겨두고 떠났다. 도인을 아이의 아버지라고 마을 사람들은 알게 된다. 그래서 "우리가 존경해왔는데, 저처럼 철면피로 사람을 속일 수 있느냐"고 아우성이었다.

도인은 온갖 수모를 당하면서 그 아이를 거두어 키운다. 얼마가 지나서야 전후 사실이 밝혀진다. 처자가 혼전에 아이를 낳게 되니까, '모두가 존경하는 그 어른이라면 괜찮을 거야'라는 생각에 도인의 아이라고 둘러댄 것이었다.

그 도인에게 있어서는 '아닌 밤중에 홍두깨' 같은 일이지만, 그렇다고 구차하게 변명할 수도 없는 것이 세상의 이치이다. 전말이 밝혀진 다음, 처자의 부모가 찾아와 무릎을 꿇고 사과를 하자, 도인은 흔연스럽게 잘 키운 어린애를 안아서 건네준다. 노여움도 변명도 없이 온화하게 미소 지을 뿐이다. 그러한 도인을 마을 사람들은 더욱 존경하게 되었음은 당연하다. 상극相克에서 상생相生으로 거듭나는 순간이다.

세상은 시비이해로 운전되는 터라 억지도 있고, 때로는 황당하고 억울한 일도 일어난다. 그 가운데 분을 참아 자기를 지키는 것이 마음공부이다. 마음공부로 내 마음도 다스리고, 주위 사람도 살리고 권면하면 얼마나 좋겠는가?

사물에 민첩해지는 법

　이 세상은 일과 이치 속에서 영위된다. 생각해보면 일생이란 한 시간에 한 가지씩 전개되는 일의 연속이라 할 수 있다. 그런 가운데 일의 앞뒤와 이치의 옳고 그름을 잘 판단할 수 있다면 얼마나 좋을까?

　중소기업체의 창사기념식 준비상황을 살펴볼 기회가 있었다. 그 회사의 중역이 담당자에게 임무를 부여하는데,

담당자가 명민하다는 생각이 들었다. 그는 예년의 관련 자료를 모으고, 준비팀을 구성하는 한편, 회사의 역사와 현재, 그리고 미래방향을 정리하고 있었다. 식전 행사부터 본 행사 그리고 뒤풀이까지의 소요시간, 참여인원, 필요한 장비 등을 파악해두고, 준비일정을 체크한 다음 위원회를 개최하고 있었다. 일을 착착 진행하는 모습이 흥미로웠다. 일과 이치는 물론 인간관계에 있어서 저처럼 소통이 이루어진다면 얼마나 좋을까 하는 생각이 일었다.

나의 입에서 칭찬이 저절로 나왔다. 그랬더니 중역의 말이 재미있다. 회사생활 40여 년에 별난 상사와 별난 부하를 다 모시고 거느려 봤다고 한다. 일을 모르면 사람이라도 좋아야지 하면서 윗사람을 바라보았는데 지금은 자기가 그런 사람이 아닐까 느낀단다. 아랫사람이 명민하면 내가 할 일을 두 몫이나 하지만, 어리석으면 내가 할 일까지 방해하여 없는 것만 못하다고 넋두리하는 것이었다.

중역이 말하는 인물에 나 자신을 놓고 반성해볼 필요가 있다고 느껴졌다. 어리석은 사람이 어리석은 줄을 모르고 오히려 스스로 영리하고, 능력이 있다고 생각한다면 어떨까? 안타까운 일이지만 그런 인물이 종종 눈에 띈다. 자신이 그런 사람으로 느껴질 때가 있는 것은 물론이다.

과거 서가모니불 회상에 주리반특이라는 제자가 있었다. 반특은 아주 어리석어 주위 사람들에게 웃음거리가 되기도 했다. 그런 가운데 반특은 '왜 나는 이렇게 우둔할까' 하고 골똘히 생각하게 되었고 그 의심이 깊어졌다. 의심에 몰두해 있던 어느 날 마당을 쓸다가 빗자루에 튄 작은 돌멩이가 반특의 머리에 날아와 '탁' 하고 부딪히는 소리를 들으면서, 그는 홀연히 깨우치게 되었다. 마음자리를 본 것이다. 본래 마음인 자성自性을 깨우친 곳에 어리석음이 남아 있을 턱이 없는 일이다.

종교의 가르침은 현실 속에 살아있어야 한다. 사물에 민첩해지는 길로 첫째는 미리 연마하고, 둘째는 잘 취사하고, 셋째는 대조하고, 넷째는 관심을 가지고 반조하는 공부를 하라고 대종사는 가르친다. 배우고 익힌다는 공자의 말씀은 다만 학생만이 아니라 우리의 살림살이에 필요한 값진 교훈이다.

오늘도 내 마음을 비추어 반조하자. 사물에 민첩하고 지혜로워지는 하루가 그 가운데서 이루어질 것이다.

사람 대하는 도

> 한 제자가 어린아이에게 경박한 말을 쓰는지라, 대종사 말씀하시기를 「사람이 어른을 대할 때는 어른 섬기는 도가 있고, 어린이를 대할 때는 어린이 사랑하는 도가 있어서, 그 경우를 따라 형식은 같지 않을지라도 저편을 중히 알고 위해주는 정신은 다르지 아니하나니 어찌 어린아이라 하여 함부로 하리오.」
>
> 『대종경』 인도품 20장

철학의 실천이 무엇이냐고 물었더니, 친구가 이렇게 대답했다. 깨우친 사람이 환경에 변화를 걸고, 변화된 환경이 그 주체인 사람에게 변화를 걸어오는 과정이라고 말이다.

우리가 어린이를 다만 철없는 아이로 보느냐, 영성이 맑은 인격체요 미래세상의 주인공으로 사랑하느냐 하는 데는 큰 차이가 있다. 어린이는 칼집에 든 칼과 같다. 그 칼이 뽑혀서 정의를 위해 쓰일 것인가, 반대로 정의를 해치는 데

쓰일 것인가를 생각하면, 그 가르침은 소중하기 그지없는
일이다.

개화기 선지식善知識의 한 사람인 증산 강일순甑山 姜一淳, 1871~1909 선생은 1900년에 도를 얻고 증산교를 창립한 분이다. 그의 언행록인 『대순전경大巡典經』에는 어린이에 대해 이렇게 말하고 있다. "어린아이를 깨복장이라고 하나니, 이는 개벽장이를 이르는 말이라." 재미있는 풀이이다. 마을에서 쓰는 언어를 격 있게 해석하고 있는데, 과연 "어린이야말로 장차 세상을 개벽시킬 일꾼이 된다."고 하니, 되새겨 볼 말이다.

소파 방정환小波 方定煥, 1899~1931 선생은 아동문학가로, 아동예술과 아동심리학을 공부하고 어린이를 인격체로 드러내는 사회운동을 전개하였다. 오늘날 5월 5일을 어린이날로 정하는데 역할을 한 주인공이 바로 소파 선생이다. 어린이날을 선포한 것이 1922년이니 참으로 선각자라고 할만하다.

어린이는 몸과 마음이 성장하는 시기이다. 사회를 향해 온몸으로 배우고 인성이 갖추어지는 중요한 때이다. 그 사회 그 국가의 장래가 이들이 어떻게 배우고 성장하고 있느냐에 달려 있다.

'맹모삼천지교孟母三遷之敎'라는 말이 있다. 맹자孟子의 어

머니가 집을 세 번이나 옮기면서 교육환경을 바꾸어주었다는 가르침이다. 맹자와 같은 성인이 그냥 탄생한 것이 아니라는 말씀이다. 역설적으로 그러한 노력이면 누구라도 훌륭하게 성장할 수 있음을 뜻하는 것이 아니겠는가?

어린이를 함부로 대하는 사람이 어른을 공손하게 대한다는 것은 아무래도 앞뒤가 맞지 않는 일이다. 어린이가 덕성을 갖출 수 있는 사회, 배울 것이 있는 국가가 건강한 사회요, 장래성이 있는 사회이다.

권면과 실행

대종사 말씀하시기를 「부모 자녀와 같이 무간한 사이라도 자기가 실행하지 못하는 조건으로 지도하면 그 지도를 잘 받지 아니하고, 부부와 같이 친절한 사이라도 내가 실행하지 못하는 조건으로 권면하면 그 권면을 잘 받지 아니하나니, 그러므로 남을 가르치는 방법은 먼저 내가 실행하는 데 있느니라.」

『대종경』 인도품 22장

가정은 복의 터전이다. 우리의 존재가 건강하게 영위되는 데는 나를 있도록 해주는 근거와 조건이 있게 마련이다. 이 몸을 실어주는 천지와 낳고 길러준 부모가 나를 존재하게 해주는 근거라면, 더불어 사는 동포와 나를 바르게 지탱해주는 법률은 존재의 조건이 된다.

원불교 『정전』에 밝혀준 천지·부모·동포·법률의 네 가지 은혜가 사은四恩이다. 서로 없어서는 한 때도 살 수 없는 그 은혜 속에서 이 몸을 유지해가고 있으니, 우리는 모두 은혜로운 존재이다. 그 은혜를 입고 느끼고 가르치고 실천하여 사회에서 꽃 피게 하는 그 고향이 바로 우리의 가정이다.

가정은 그래서 커다란 배움터이다. 대체로 부모가 가르치는 입장이 되고 자녀가 배우는 입장이 되지만 가르치는 사람과 배우는 사람이 반드시 정해진 것은 아니다. 그런데 이렇게 친한 사이에서도 실천 없이 권면하면 실행을 보기 어렵다.

후배가 30년간 즐겨왔던 담배를 얼마 전에 끊었다. 어떤 계기가 있었느냐고 물었더니, 중학교 다니는 아들이 컴퓨터 게임에 지나치게 몰두하기에 주의를 주었단다. "아빠는 담배 끊기로 해놓고 안 지키면서 저만 나무라세요?"라고 답하더란다. 생각해보니까 얼마 전에 "네가 하루에 두 시간만 게임을 하면, 아빠도 냄새난다는 담배 끊을게."라고 했었는데, 그걸 아들이 들고나오더란다. 교육 삼아 한 말이지만 아버지로서 체면이 말이 아니라, 결국은 엉겁결에 그 좋아하던 담배를 끊고 말았단다. 끊느라고 고생은 했지만, 그 덕에 아들 대하기도 당당해지고 건강도 좋아졌다고 해서, 이가 시리도록 웃었다.

생각해보면 남을 가르친다는 것이 어디 그리 쉬운 일인

가? 대학에서 제자들을 훈도하다 보면 가르치는 것이 점점
어려워진다는 느낌이 든다. 그냥 두면 분위기가 가라앉고
잘 가르치려는 욕심이 생기면 튕겨 나간다. 감정을 접고 끝
까지 사랑으로 감싼다는 것이 어디 쉬운 일인가? 옛사람들
이 역자이교지易子而敎之 곧 '아들을 서로 바꾸어서 가르친다'
라 하였는데 참으로 실다운 방법이다.

　내가 실천하여 사회를 변화시키는 소통의 원리, 그런
이치가 있어서 세상은 살맛 나는 것이다. 서로 북돋아주는
너그러운 마음, 그것이 지혜로운 마음이다.

안빈낙도

대종사 안빈낙도安貧樂道의 뜻을 설명하시기를 「무릇, 가난이라 하는 것은 무엇이나 부족한 것을 이름이니, 얼굴이 부족하면 얼굴 가난이요, 학식이 부족하면 학식 가난이요, 재산이 부족하면 재산 가난인바, 안분을 하라 함은 곧 어떠한 방면으로든지 나의 분수에 편안하라는 말이니, 이미 받는 가난에 안심하지 못하고 이를 억지로 면하려 하면 마음만 더욱 초조하여 오히려 괴로움이 더하게 되므로, 이미 면할 수 없는 가난이면 다 태연히 감수하는 한편 미래의 혜복慧福을 준비하는 것으로 낙을 삼으라는 것이니라.」

『대종경』인도품 28장

세상을 살면서 누구나 부족함을 느낀다. 그러나 부족함에 견딜 수가 없어서 항상 불만하고 산다면 행복한 사람이 아니다. 부족한 것이 가난인데 사람은 누구나 욕심을 가지고 있으니 외부적으로 만족하여 가난을 벗어난다는 것이 쉬운 일이겠는가?

오래전, 가난했던 유학 시절의 경험이 생각난다. 외국생활에 아직 익숙하기 전인데 자비 유학생인 터에 수중에 돈이 뚝 떨어졌다. 학교에 가야 하지만 차비도 없고 무엇을 사다가 끼니를 때워야겠는데 그럴 여유도 없다.

언어에도 익숙하지 않은 것은 물론, 더욱 난감한 일은 아는 사람이라고는 눈을 씻고 보아도 없다. 아르바이트의 급료일은 아직 멀었고 그래서 차디찬 방안에 틀어박혀 모진 고생을 했다.

하지만 유학의 목적이 공부하는 일이니 마음은 살아있었다. 당시 손에서 떠나지 않은 것이 『원불교전서』와 함께, 『삼국유사』·『고려사』·『동국여지승람』 등인데, 오늘까지도 이 책을 보면 분신 같은 생각이 든다. 그때, 가난을 경험하면서 배운 것이 있다. 가난은 부끄러운 것이 아니라 불편한 것이라는 사실이다.

개인 교수실을 학교에 반납하고 서고가 있는 연구소에서 여러 사람과 같이 지내게 되었다. 방에는 외국에서 온 유학생, 유학하여 학위를 받아온 사람, 박사과정을 마친 사람, 유학 준비생, 그렇게 해서 다섯 남자가 책상을 맞대고 부대끼며 알콩달콩 살고 있다. 연구하는 문제의식을 공유하는 면에서, 그리고 행동에 있어서 잘잘못을 제자들이 배울 것으로 생각하였다.

그런데 살다 보니 제자들을 가르치기보다는 배우는 바가 오히려 많다. 제자들은 아직 자리가 잡히기 전이다. 따라서 모든 면에서 안정이 되지 않고, 졸지에 해결해주지 못하는 면이 많이 있다. 하지만 애로사항을 서로 털어놓고 상담하다보면 풀어나가는 방법이 생긴다. 용기를 잃지 않는, 그래서 몸과 마음이 건강한 모습을 늘 보고 산다.

안빈낙도는 밝은 미래를 보면서 복락을 장만해가는 가운데서 가능한 일이다. 오늘도 분수에 편안하면서 즐거운 하루 되었으면 하는 바람이다.

만족의 길

무슨 일에나 부족을 느끼는 것이 가난이라면 만족을 느끼는 것은 부자이다. 우리의 마음은 지구 끝에도 가고 태양의 저편까지도 가는 무한한 존재이다. 그런 마음을 다 채운다는 것이 어찌 가능한 일이겠는가? 그런데도 세상에는 자기 욕심을 다 채우려는 사람이 많다. 어리석은 일인데도 말이다.

6대 4라는 말이 있다. 정치가들이 흔히 쓰는 용어이다. 아무리 훌륭한 정치를 하여도 100%를 만족하게 하기는 어렵다. 그래서 정치인들은 6할만 지지를 받으면 '더불어 사는 원리'를 경험적으로 느끼는 모양이다.

그 6할을 만족의 선으로 삼는다면 만족을 아는 사람이다. 어떤 일이 잘 이루어져 전부를 가지게 되는 경우에도 현명한 사람은 그것을 전부 소유하지 않고 나누어 가지는 여유가 있다.

흔히 종교와 정치를 말할 때, 서양의 중세사회를 예로 든다. 종교가에서 보면 종교가 권위를 가질 때 그 사회가 건강할 것 같은데, 서양 중세에 교회가 정치를 시녀로 부리는 지경이 되었다. 공교롭게도 그런 시기를 우리는 암흑시대라고 부른다. 물론 근대를 여는 모든 준비가 당시에 이루어졌지만 말이다.

마음이 살아있어야 살아 있는 사람이다. 자기 마음속에 적당한 긴장감이 있다면 그 사람은 살아있는 사람이요, 종교와 정치가 적당한 긴장 관계를 유지하면 그 사회는 건강한 사회라 할 수 있다.

우리 인간에게 감성과 지성이 적당한 균형을 이루면서 긴장 관계를 가지게 되면 그 사람은 건전한 인물이다. 신라의 향가에 나오는 「처용의 노래」는 '동경 달 밝은 밤에 늦게 놀다 오니, 부인이 외간 사람과 어울려 있는 것'이다. 그때 격해진 감정을 지성으로 극복하고 너울너울 춤추는 모습에, 외간 남자인 역신이 나와서 사죄를 한다.

우리 고전에 나오는 「가시리」에도, 김소월의 「진달래꽃」에도 같은 정서가 깔려 있다. 내가 싫어서 떠나는 임이지만 그 임의 행복을 염원하는 나는 감정에 매달려 있는 것이 아니라, 지성으로 감정을 넘어서 있다. 그런 지성으로 가는 임의 앞길에 진달래꽃을 깔아주는 적당한 긴장 관계가 이 노래 속에 살아있다는 말이다.

적당한 긴장 관계 속에 여유로운 마음, 그것은 아마도 한국인의 심성이 아닐까 생각해 본다. 그 속에 재앙을 방지하는 액막이가 존재한다.

일수거사 이야기

세상을 살아가면서 마음으로부터 존경하는 어른이 주변에 계셔서 나의 사표師表가 되어 준다면 참으로 든든한 일이다. 나를 이끌어줄 어른이 없다면 그것은 위태로운 삶이다. 또한, 자기를 살펴 예의염치를 차린다면 더불어 사는 사회에 문화를 공유할 수 있는 인물이다. 모든 일에 염치를 모른다면 함께 하기 어렵게 된다. 그리고 잘잘못을 가려 서로 선을 권면하는 삶이라면 발전하는 사회가 될 것이다. 악을 범하고도 부끄러운 마음이 없다면 사람들로부터 배척을 받게 된다.

‘일수거사一水去士’를 아느냐는 질문을 받았다. 일수거사라면 어떤 인물일까? ‘거사’라니까 불교의 재가신자인 거사居士, grhapati를 가리키는 것이 아니다. 한 일一, 물 수水, 갈 거去, 선비 사士 곧 ‘한물간 사람’이 일수거사이다.

아마 다른 사람으로부터 일수거사, 한물간 사람이라는 말을 들으면 좋아할 사람이 없을 것이다. 그런데도 마음을 쓰는 데나 행동을 하는 데는 한물간 사람의 행태를 보이는 경우가 허다하다. 흔히 일수거사는 나이가 많은 사람, 지위가 낮은 사람, 또는 가난한 사람일 것으로 생각하면 잘못이다. 남녀노소나 선악귀천하고는 아무런 관계가 없다. 젊은 사람도 일수거사가 되기 쉽다.

한물간 사람이 되지 않기 위해서는 일수거사가 어떤 사람인지 알아야 할 터이다. 일수거사는 첫째, ‘왕년에 내가 어떤 사람이었는데’라고 생각한다. 어딜 가나 늘 대접만 받으려 한다. 높은 자리, 명예로운 자리, 다른 사람들에게 얼굴 내는 자리만 탐하게 되고, 남을 무시한다. 그러다 보니 주변에 어른이 없어지고, 어느 틈엔가 한물간 사람이 되고 만다. 마음에 스승이 없다는 말은 이런 사람을 두고 하는 말이다.

일수거사는 둘째, 몸으로 행동하지 않고 말로 다 하려고 한다. 남을 위해서 일하려 하지 않고, 말로 모든 것을 끝

내려고 한다. 다른 사람이 한 일도 그 사람 입을 통해 자신이 한 일로 둔갑시킨다. 자신을 꾸미기에 현혹되고 보니 모든 일에 염치가 없어진다. 밝은 세상인데, 그와 같이 행동하다 보면 확실하게 한물간 사람이 되고 만다.

일수거사는 셋째, 모든 일을 자기 위주로 생각한다. 자기가 없으면 안 되고, 이것은 내 것이고 하며 욕심을 내고 마침내는 악을 행하게 된다. 자연히 자신을 되돌아볼 여유가 없어진다. 악을 범하고도 당연한 것으로 생각하면 이런 사람이야말로 일수거사, 한물간 사람이다.

우리 모두 한물간 사람, 곧 일수거사 되지 않기 위해 몸을 낮춰보면 어떨까?

세상을 깨우치는 길

인간이 부모로부터 몸을 받아 세상에 태어나서, 마음과 몸을 키우고 여러 가지 업을 이룬 다음, 마침내 명을 마치는 것을 일러 일생이라 한다. 개인에 따라서는 다른 사람이 누리고 사는 수복壽福을 누리지 못한 채 일찍 명을 마치는 사람도 있다. 또 오래 살면서 훌륭한 업을 이루어 후손 만대로 존경받는 인물이 있다. 어떻든 우리의 일생을 영위하는 이 세상은 어머니의 품과도 같고, 우리가 사는 집과도 같다.

몸을 나투고 사는 세상, 시간과 공간이 교차하는 이 세상을 역사 세계歷史世界라 한다. 이 구체적인 역사 세계를 살아가는 우리들의 모습을 보면 순간순간이 참으로 신비롭다. 생명이 일호일흡 사이一呼一吸之間에 있다고 하는데, 과연 들숨과 날숨이 서로 따르지 못하면 그것은 죽음이다. 대신 날숨과 들숨이 계속되어 자유로우면 그것을 일러 살았다고 한다.

이 날숨과 들숨을 가꾸어 우리의 생명을 잘 간직하기 위해서는 의식주가 요청되고, 세상 살아나가는 도리가 필요하다. 생각해 보면 동서고금東西古今의 성현들, 우주적인 혼으로 널리 만물을 화육化育시켜 온 어른들 역시 이 몸을 세상에 드러내 놓고 살았다. 그러기에 온갖 어려움을 견디면서 세상에 인륜과 도덕을 살리고 정의와 질서를 바로잡고 민중에게 삶의 희망과 보람을 가꾸어나간 것이다.

임진왜란 때 일이다. 해상권을 장악한 이순신忠武公 李舜臣, 1545~1598 장군의 활약을 통해 생민이 고향에서 농사와 길쌈을 할 수 있게 되었다. 그때 지역민들은 국태민안國泰民安이 얼마나 중요하고 감사한가를 뼈저리게 느끼게 되었다. 그래서 이순신 장군이 난중에 절명하자 온 백성이 부모를 여읜 것처럼 통곡하면서 수륙재水陸齋를 모시고 향을 올렸다.

그런데 같은 난중에 선조의 아들 임해군^{臨海君, 1574~1609}과 순화군^{順和君, 1580~1607} 일행이 근위병을 모집하기 위해 강원도를 거쳐 함경도로 향했다. 그 와중에서 국경인^{鞠景仁, ?~1592}이란 사람이 반란을 일으키는 바람에 붙잡혀, 왜장 가토 기요마사^{加藤淸正, 1562~1611}에게 넘겨져서 죽을 고비를 겪었다. 국가가 위험에 빠져 있을 때 반란을 일으킨 국경인은 곧바로 토벌되었다. 결국 붙잡혀 죽임을 당하여 만인의 본보기가 되었으니 얼마나 불쌍한 위인인가?

요즈음 우리 사회에 어려운 살림을 하면서 일생 모은 재산을 장학금으로 선뜻 내놓아, 세상을 훈훈하게 하는 분들을 자주 보고 있다. 반대로 금융사기부터, 산업기술을 외국으로 빼돌리다가 붙잡혀 곤욕을 치르는 사람도 있다. '선악이 개오사^{善惡皆吾師}라' 곧 '선과 악이 모두 나의 스승이라' 하였으니, 우리는 주위를 살피면서 밝은 사회를 가꾸어가야 하겠다.

복을 불러오는 말

대종사 말씀하시기를 「우리 속담에 말하고 다니는 것을 나팔 불고 다닌다고도 하나니, 사람 사람이 다 나팔이 있어 그 나팔을 불되 어떤 곡조는 듣는 사람의 마음을 편안하게 하고 어떤 곡조는 듣는 사람의 마음을 불안하게 하며, 어떤 곡조는 슬프게 하고 어떤 곡조는 즐겁게 하며, 어떤 곡조는 화합하게 하고 어떤 곡조는 다투게 하여, 그에 따라 죄와 복의 길이 나뉘게 되느니라.」

『대종경』 인도품 21장

위의 법문은 다음과 같이 이어진다.

「그런즉, 그대들은 모든 경계를 당하여 나팔을 불 때, 항상 좋은 곡조로 천만 사람이 다 화하게 하며, 자기 일이나 공중의 일이 흥하게는 할지언정 서로 다투게 하고 망하게는 하지 않도록 하라. 그러하면, 그 나팔이 한량없는 복을 장만하는 좋은 악기가 되려니와 그렇지 못하면 그 나팔이 한량없는 죄를 불러들이는 장본이 되리라.」

우리가 일상적으로 사용하는 언어가 얼마나 중요한가를 깊이 깨우쳐 준다.

어린이들이 잘 알고 있는 『이솝우화』의 한 토막이다. 왕실의 주방장이 된 이솝이 국왕 앞에 섰다. 국왕이 이솝에게 말한다. "오늘은 귀한 손님, 내가 존경하는 손님이 오시니, 가장 좋은 음식을 만들게." 이렇게 해서 이솝이 내놓은 음식은 동물의 '혀'를 재료로 만든 음식이었다. 멋진 식사시간이 되었다.

그리고 며칠이 지나지 않아 국왕이 또 이솝을 부른다. "오늘은 평소에 나를 괴롭히는 손님, 내가 싫어하는 손님이 오니, 가장 나쁜 음식을 내놓게." 그런데 음식은 전날과 같은 '혀'를 재료로 만든 것이다.

화가 난 국왕이 이솝을 감옥에 가두려 하자, 이솝이 국왕에게 말한다. "세상에서 혀가 있어 평화를 가져오고, 혀가 있어 밝은 사회가 됩니다. 그만큼 혀는 좋은 것이지요. 그러나 전쟁을 가져오는 것도 세 치 혀에 의해서요, 이간질을 하는 것도 혀입니다. 그러니 나쁜 것 또한 혀가 아니겠습니

까?”이솝의 말을 들은 국왕은 크게 깨우친 바가 있어 그를
공경하면서 작위를 주었다고 한다.

'말 한마디에 천 냥 빚도 갚는다'는 우리 속담은 지혜로
운 가르침이다. 흔히 말은 힘이 있고 재미있어야 한다고 한
다. 웃기려고 하는 이야기로, 말을 힘 있게 하려면 욕이 들어
가야 하고 재미있게 하려면 남의 흉을 보는 것이라고도 한
다. 훈훈한 사회를 가꾸어 가기 위해서는 남을 해하는 말은
삼가야 한다. 살리고 신뢰하는 사회를 만드는 재주를 우리
는 모두 가지고 있다. 그러니 우리는 마음으로, 또 입으로 복
이 넘치는 사회를 만들도록 노래해야겠다.

말과 글의 무게

여러 사람이 어울려 살다 보면 무심코 한 말이 상대방에게 해를 주는 경우가 있다. 나의 입장에서는 구설수口舌數이다. 또한, 악의 없이 적었던 글이 상대방의 인격을 비하하거나 오해를 불러와서 어려움을 당하는 경우도 있다. 필화筆禍이다.

정치인들의 말실수가 언론매체를 달구는 경우를 우리는 흔히 보고 있다. 문제는 이를 서민들이 정치가들의 실수라고 보지 않고, '국가 사회 지도자들의 실수'라고 받아들이는 데 있다. 본인들은 억울하겠지만, 지도자들의 말 한마디 글 한 줄이 그만큼의 무게를 가지고 있다는 말이다. 이를 스스로 인식하면서 갈고 닦으며 주의를 기울일 필요가 있다.

사회를 이끌어가는 지도자들의 한 생각, 한마디 발언으로 대중이 받게 되는 고통이나 폐해가 얼마나 큰가를 생각하면, 참으로 조심해야 할 일이다. 말이나 글의 실수가 아니라 자신의 마음가짐, 기본자세가 어떻게 갖추어졌느냐를 스스로 살펴보아야 할 일이다.

"어린아이는 장난으로 돌을 던지지만, 개구리에게는 생명을 좌우하게 된다."는 말이 있다. 사회단체나 직장에서 지도자급에 있는 분들은 영향력이 여러 사람에게 미치기 때문에 특히 주의를 기울여야 한다.

'회향廻向'이라는 말이 있다. 나의 선근공덕을 통해 모든 이들이 거듭나도록 되돌리는 것이 회향이다. 내가 하는 말, 내가 쓰는 글, 내가 이루는 행을 통해 직장 분위기가 좋아지고, 사회가 훈훈해진다는 생각을 가지면 나 자신이 책임 있는 사람으로 바뀌게 된다.

서양의 격언에 "펜의 힘은 칼의 힘보다 강하다"고 하였다. 성현들의 한마디 말씀이 세상을 구원하는 빛이 된다. 문호들의 명작 하나가 많은 사람들의 마음을 촉촉하게 적셔주는 것을 우리는 잘 알고 있다.

영어를 전공하지 않는 사람에게도 미국 링컨1809~1865 대통령의 '게티즈버그 연설문Gettysburg Address'(1863)은 잘 알려져 있다. 남북전쟁의 격전지에서 전사자를 위로하는 식전에 참석한 그는 외친다. "모든 사람은 평등하게 태어났다는 건국 신조를 위한 싸움에서 목숨을 바친 병사들을 위해 살아남은 사람들이 국가를 위해 더욱 헌신해야 한다"는 내용이었다. 불과 몇 분간의 연설이었는데 오늘날까지 민주주의를 설파하는 가장 설득력 있는 명연설로 꼽힌다.

과연 말과 글은 무게를 지닌다. 상생하는 말, 평화를 가져오는 글은 그만큼의 가치를 지닌다. 따뜻한 글, 지혜로운 말씀으로 건강한 하루를 개척하도록 심축한다.

금강산의 주인

대종사 금강산을 유람하고 돌아오시어 "금강이 현세계金剛現世界하니 조선이 갱조선朝鮮更朝鮮이라"는 글귀를 대중에게 일러주시며 말씀하시기를「금강산은 천하의 명산이라 멀지 않은 장래에 세계의 공원으로 지정되어 각국이 서로 찬란하게 장식할 날이 있을 것이며, 그런 뒤에는 세계 사람들이 서로 다투어 그 산의 주인을 찾을 것이니, 주인될 사람이 미리 준비해 놓은 것이 없으면 무엇으로 오는 손님을 대접하리오.」

『대종경』전망품 5장

추운 겨울 날씨 속의 금강산金剛山은 어떤 모습을 하고 있을까? 우리나라의 보물, 금강산은 세계의 명산이다.

몇 년 전 겨울에 금강산을 찾아가서 눈보라를 헤치면서 만물상에 오른 일이 있다. 바람을 막아선 그 절경에 넋을 잃고 숨이 막혀, 하늘 높은 줄 모르고 곧게 뻗은 잣나무처럼 굳어버리는 것 같은 감격을 맛보았다.

중국 북송의 문인 소동파蘇東坡, 1036~1101가 금강산을 그리며 시 한 수를 읊었다.

원생고려국 願生高麗國 원컨대 고려 땅에 태어나

친견금강산 親見金剛山 한 차례 금강산을 보아지이다.

중국에도 수많은 명산이 있지만, 금강산이 보여주는 빼어난 자태며 아름다움을 감싸고 있는 기운은 다른 산이 따를 수 있는 바가 아니다. 그러한 금강산은 일찍이 고려시대의 문인들을 통해 중국에까지 잘 알려졌던 모양이다.

이러한 금강산을 대종사가 탐승한 것은 1930년의 일이다. 금강산을 크게 보면 여성적 아기자기함을 드러내는 내금강, 웅장한 남성적 자태를 뽐내는 외금강, 해안에 승경을 이루고 있는 해금강, 그리고 남쪽의 유점사가 위치한 신금강으로 나눌 수 있다. 당시 대종사는 금강역을 경유하여 내금강과 외금강, 그리고 해금강을 탐승하였다.

그리고 "금강산이 세계에 드러나니 한국이 새로운 한국이라"고 사자후獅子吼한다. 1928년에 금강산철도가 개통되고, 그 해에 서울에서 조선박람회라는 큰 전람회가 열린다.

그 가운데 금강산 탐승이라 이름 붙인 사진들이 전시된 것이다. 이러한 당시에 대중의 관심이 쏠린 금강산에 관해서 법문을 하는 것이다.

금강산이 우리나라 사람들에게 사랑을 받게 된 것은 이른 시기부터이다. 신라시대 화랑도의 사선四仙인 영랑·안상 등이 수련을 위해 찾은 것이 그 좋은 예이다. 유점사의 연기緣起를 보면 인도에서 불상 53구를 제작하여 배에 실어 떠나보내면서, 인연 있는 국토에 이르도록 염원했는데 금강산 앞 고성에 다다라 유점사에 모셨다고 한다. 거기에 인연하여 불국토라는 말을 쓰기도 하고 담무갈, 즉 법기法起 보살이 상주하는 곳이라고도 한다.

대종사는 금강산과 관련해서 여러 가지 법문을 하고 있다. 일본 강점기의 어려움 속에서 민족이 거듭날 희망을 전해준 것이다. 우리 민족이 자각하여 인류 도덕의 부모국, 세계정신의 지도국이 되도록 자격을 갖추라는 내용이다. 세계 사람들이 모여들어 금강산의 주인을 찾을 때 '우리 여기 있노라'고 자신 있게 나설 수 있는 실력을 쌓아야 한다.

험한 세상의 희망

대종사 말씀하시기를 「세상이 말세가 되고 험난한 때를 당하면 반드시 한 세상을 주장할 만한 법을 가진 구세 성자救世聖者가 출현하여 능히 천지 기운을 돌려 그 세상을 바로잡고 그 인심을 골라 놓느니라.」 『대종경』 전망품 1장

세상의 풍속은 매일의 날씨 같다. 맑고 청명할 때도 있고 사납고 거칠 때도 있다. 풍속이 건전할 때는 맑은 날 같아서 사람을 만나도 상쾌하고 도의 정신이 드높은 느낌을 받는다. 그리고 혼란스럽거나 향락에 젖어 있는 풍속은 가지런하던 인심을 거칠고 번잡스럽게 한다.

쾌청하게 맑은 날 친구들이 모여 산에라도 오르면 속이 탁 트이고 가슴 가득 호연지기浩然之氣를 기르게 된다. 소슬바람 시원하고, 맑고 고운 산새 소리에 흐드러지게 피어있는 꽃들이 마치 우리를 반기는 것이 느껴진다.

그때, 퇴직한 교장 선생님이라도 만나서 한두 마디 말씀을 나누다 보면 인생을 논하는 것이 재미있어진다. 그야말로 선지식이 다른 분이 아니라, 나를 만난 그분이요, 저 사람은 나를 그렇게 보게 될 것이다. 세상을 살면서 기쁨과 보람과 희망을 품는 것은 참으로 멋진 일이다. 내가 갖는 마음 따라 세상도 달라지기 때문이다.

날씨가 나빠지면 의복이 젖고 행동이 불편하며 뒤끝이 개운치 않다. 그럴 땐 계획했던 일들을 치르기 어려운 것처럼 풍속이 나빠지면 서로 간의 발전이 저해되고 훌륭한 인물을 배출하기 어렵게 된다.

그렇다면 좋은 세상인가를 살피는 기준이 있을까? 다음과 같은 세 가지를 살펴보면 어떨까? 좋은 사회는 첫째 깨끗하다, 둘째는 친절하다, 셋째는 질서 있다는 것이다.

물론 이것은 외형에 관한 것이다. 그러면 내적으로는 어떨까? 좋은 사회란 첫째 부지런하다, 둘째 정직하다, 셋째 남을 배려한다고 보면 어떨까? 이 밖에도 여러 가지를 얘기할 수 있겠지만 말이다.

아무리 가난한 집안이라도 가족 간에 화목하고 성실하게 집안을 꾸려가는 것을 보면, 그 집안이 법도가 있다고도 하고 잘될 집안이라고 한다. 사회도 마찬가지이다.

그런데 우리가 사는 이 세상이 어지러워진다면 누가 책임을 져야 하는가? 집안일의 책임이 가장에게 있는 것처럼 사회나 국가를 이끌어가는 책임은 일차적으로 사회 국가의 지도자에게 있다.

그렇다면 세상의 풍기가 걷잡을 수 없이 된다면 어떨까? 우리 주위에 법도 있고 덕이 높은 사람이 모범을 보여주는 것 같이, 학교에는 선생님들이, 그리고 종교가에는 훌륭한 종교인들이 우리를 교화한다. 그런 의미에서 종교는 인류구제의 본향이요, 문화의 보고이다.

단군설화에 홍익인간弘益人間 즉 '널리 인간을 유익 준다'는 이념이 나타나는 것처럼, 모든 성자는 어지러운 세상을 구제하고 고해에 헤매는 생령을 제도하기 위해서 교문을 연다. 세상을 구제할만한 법을 가지고 기운과 인심을 돌려놓는 그런 구세성자가 나타나기에 인류는 행복한 것이다.

돌아오는 문명세상

위의 법문은 좀 더 계속된다.

돌아오는 세상이야말로 참으로 크게 문명한 도덕 세계인 것이니, 그러므로 지금은 묵은 세상의 끝이요 새 세상의 처음이 되어, 시대의 앞길을 추측하기가 퍽 어려우나 오는 세상의 문명을 추측하는 사람이야 어찌 든든하지 아니하며 즐겁지 아니하리오.

우리가 살아온 세상에 대한 냉철한 판단과 함께, 미래를 살아갈 우리 인류에게 희망을 주는 메시지도 잊지 않고 있다.

과연 우리가 살아가는 세상은 어지러워져서 되돌릴 수 없는 파멸의 길을 가는 것일까? 그리고 말세로 끝이 없는 것일까? 성인의 자취가 끊어진 지 오래고, 험난해진 모습은 말세로 볼 수도 있지만, 이대로 끝나지는 않는다는 것이 대종사의 가르침이다.

세상에는 종말론을 펴는 사람들도 있다. 학문적으로 본다면 종말론은 요즈음 싸움이 한창인 중동지역에서부터 비롯되었다고 하니, 묘한 기분이 들기도 한다. 기원전 2천 년경, 이란 북부지역에서 조로아스터라는 종교적 천재가 나와서 배화교拜火敎를 창시하였다. 이를 조로아스터교, 천교祆敎 등으로 부른다. 니체1844~1900의 『차라투스트라는 이렇게 말했다』의 차라투스트라가 곧 조로아스터이다. 조로아스터는 이 세상에는 종말이 오고, 종말이 오면 선악에 대해 주신인 아후라 마스다가 심판을 내린다는 강한 종말론을 전개하였다. 이 종말론이 유대교에, 그리고 그리스도교와 이슬람 등에 영향을 미치고 있다.

그러나 희랍사상이나 인도사상 등에서는 이 세상이 끝

을 향해 일직선으로 가는 직선사관直線史觀이 아니라, 나선형처럼 다시 살아나는 원환사관圓環史觀을 전개하였다. "원시반본原始返本되는 이치를 따라" "오탁악세汚濁惡世의 계법季法시대가 가면 새 주세불이 출현하고 올바른 법이 다시 살아나는 정법正法시대가 온다"고 본 것이다. 해석하면 이렇다. 어지러운 세상의 말세가 가고 나면 새로 시작되는 이치에 의해서 올바른 법이 살아나는 바른 시대가 온다고 내다본 것이다.

우리 주변을 돌아다보면 세상이 거칠고 악해졌다는 생각을 하게도 된다. 세상이 험해졌다는 것은 인간이 사나워졌다는 뜻이다. 욕심 많은 짐승으로 흔히 '돼지 같다'고 한다. 그러나 돼지들은 꿀꿀거리다가도 먹이를 먹고 배가 부르면, 그 이상은 탐하지 않는다.

그러나 인간은 자기 욕심을 채우고도 성이 차지 않아, 먹을 음식을 가지고 다른 사람들을 괴롭힌다. 혹시 다른 사람이 먹게 될까 싶어 폭탄을 터뜨리는 지경에 이른 것이다.

인간이 돼지만도 못해서 되겠는가? 종말이 아니라 도덕세계가 다가오고 있으니, 바른 삶, 바른 사람이 되도록 다투어 노력해야겠다.

참 문명세계

> 대종사 또 말씀하시기를 「지금 세상의 정도는 어두운 밤이 지나가고, 바야흐로 동방에 밝은 해가 솟으려 하는 때이니, 서양이 먼저 문명함은 동방에 해가 오를 때에 그 광명이 서쪽 하늘에 먼저 비침과 같은 것이며, 태양이 중천에 이르면 그 광명이 시방세계에 고루 비치게 되나니 그때야말로 큰 도덕 세계요 참 문명 세계니라.」
>
> 『대종경』전망품 21장

　　동양이나 서양이나 최근세를 거쳐 오면서 시대가 급변하는 바를 확인하였다. 특히 우리나라에서는 서구의 열강제국이 세력을 뻗쳐왔고, 물질문명이 함께 쏟아져 들어와 일대 혼란을 겪었다. 민중을 교화해오던 과거의 종교는 교화력을 잃게 되었고, 정치사회가 혼란에 빠져 마침내 외국의 침략을 받아 혹독한 고초를 겪었다.

　　바뀐 것은 사회 질서뿐만 아니다. 우리의 의식도 교육

여건도 모두 바뀌었다. 하늘과 땅이 맞닿아 맷돌을 갈듯 감아 돌아 전혀 다른 세상이 된 것이다. 이를 개벽開闢이라 한다. "물질이 개벽되니 정신을 개벽하자"는 가르침은 그래서 세상을 살릴 약방문이 되는 것이다.

세상이 어지러워져서 마침내 끝장이 나버리고 만다면 얼마나 허망한 일인가. 성자들이 종교의 문을 열고 교화활동을 전개하는 것이나, 인도정의를 가르쳐 사회를 바르게 이끄는 것은 희망이 있기 때문이다. 폭풍우가 지나면 세상이 더욱 청명해지는 것처럼, 어지러운 세상이 지나면 살기 좋은 세상이 도래한다는 사실을 잊어서는 안 된다.

개벽시대를 맞이한 우리들의 앞에는 큰 도덕 세계, 참 문명 세계가 기다리고 있다. 우리가 건설하고 있는 이 세상은 모든 사람이 지혜롭고 행복을 나누어 가지는 낙원 세계가 되어야 하지 않겠는가? 그런 해가 밝았다.

어떤 이는 이렇게 말할 것이다. 새로운 도덕 세계가 열린다면 폭풍우가 지나간 우리 사회에 먼저 비쳐야지 될 것 아니냐고 말이다. 그런데 동녘에서 태양이 솟아오르면 먼저 서쪽 산을 비춘다. 그리고 태양이 중천에 이르면 마침내 세상을 모두 고르게 비춘다는 원리 말이다.

1970년대 영국의 역사학자 아놀드 토인비 1889~1975 박사가 일본을 방문한 적이 있다. 그는 나라奈良 호류사法隆寺 보물전인 몽전夢殿에 있는 백제관음百濟觀音 앞에 섰다. 그리고는 이렇게 말한다.

"역사적으로 보면 인류는 공격과 정복을 일삼아 왔습니다. 그러나 역사는 발전했지요. 그런데 금세기, 전쟁의 시대를 맞이하여 인류가 계속하고 있는 전쟁을 보면 미래가 없다는 생각을 하게 됩니다. 그러나 오늘 이 불상을 보면서 깨달았습니다. 인류가 이러한 예술품을 만들어 내는 지혜를 가졌다고 할진대, 인류의 앞날이 반드시 암담한 것은 아닙니다."

알뜰한 메시지가 아닌가? 희망을 품는다는 것은 훌륭한 일이다.

어두운 세상, 밝은 세상

과거 세상을 어리고 어두운 세상이라고 하는 것은 무엇 때문인가? 한마디로 강하고 지식 있는 사람이 약하고 어리석은 사람들을 무리하게 착취하여 먹고 사는 그러한 사회이기 때문이다. 그러기에 과거 세상은 가난하고 아프고 싸움이 많은 세상이다. 빈貧 곧 가난, 병病 곧 아픔, 쟁爭 곧 싸움, 이 세 가지를 일러 삼대 사회악이라고 한다. 종교학에서는 민중이 겪는 이 세 가지 고통을 구하기 위하여 종교가 생기는 것이라고 한다.

그러면 돌아오는 세상은 어떨까? 오는 세상을 '돌아오는 세상'이라고 하였는데, 생각해보면 매우 재미있는 표현이다. 어두운 세상이 일직선으로 계속되어 종말이 되어버리는 것이 아니다. 원시반본原始返本 곧 되돌아가서 다시 시작되는 원리에 의해 새롭게 오는 세상이 돌아오는 세상이다.

돌아오는 세상은 살기 좋은 낙원 세계이다. 약한 사람을 억압하는 것이 아니라 슬기롭고 밝은 세상, 공정한 법칙이 살아 있는 이른바 상식이 통하는 세상, 바르고 참된 사람이 잘살게 되는 그런 세상이 된다는 것이다. 살기 좋은 세상은 고루 잘사는 사회이니, 참된 복지 사회요, 낙원 세계이다.

외국 교수 한 분이 찾아왔다. 사회복지학을 전공한 분으로 시설을 한 곳 안내해 달라는 주문이었다. 그래서 원불교중앙총부가 있는 익산의 원불교 중앙양로원을 안내하게 되었다.

지금의 양로원은 건물을 신축하여 시설이 참 좋은데, 10여 년 전인 그때는 낡은 집에, 수용시설로는 초라한 상태였다. 방문을 마친 그 교수는 이렇게 말하는 것이었다. "놀랐어요. 오늘 참된 복지시설이 어떤 것인가를 알게 되었습니다. 저는 외국 유학 시절을 포함하여 복지시설 수천 군데를 방문했는데, 이런 데를 본 적이 없습니다. 모든 사람이 어린아이처럼 방글방글 웃으며 즐겁게 사는 모습, 이것이 진정한 사회복지의 미래상입니다.”

교수의 이런 표현은 시설안내에 대한 예의로 하는 인사라고도 생각되었다. 그러나 잘 사는 세상, 곧 참 문명 세계가 반드시 외부 환경에 있는 것이 아니라는 사실은 수긍이 가는 것이었다. 양로원에 사는 할머니, 할아버지들은 정말로 부지런히 살고 있었다.

아침 일찍부터 저녁까지 공부하고 수양하고 운동하고 봉사 활동하고, 그러느라고 세상을 원망하거나 자신의 처지를 안타까워할 시간이 없는 것이었다. 부지런히 수양하여 건강한 몸 받아서 좋은 세상에 다시 태어난다는 희망은 누구에게나 고귀한 가치이다.

일과에 득력하라

> 한 제자 급히 밥을 먹으며 자주 말을 하는지라, 대종사 말씀하시기를 「사람이 밥 하나 먹고 말 한마디 하는 데에도 공부가 있나니, 만일 너무 급히 먹거나 과식을 하면 병이 따라 들기 쉽고, 아니할 말을 하거나 정도에 벗어난 말을 하면 재앙이 따라 붙기 쉬운지라, 밥 하나 먹고 말 한마디 하는 것을 작은 일이라 하여 어찌 방심하리오.」
>
> 『대종경』수행품 32장

일상생활 속에서 공부인이 유의해야 할 위의 법문은 이렇게 계속된다.

그러므로 공부하는 사람은 무슨 일을 당하든지 공부할 기회가 이르렀다 하여 그 일 그 일을 잘 처리하는 것으로 재미를 삼나니 그대도 이 공부에 뜻을 두라.

알아듣기 쉬운 말씀으로, 마음공부 하는 길을 분명하게 일러 주고 있다.

도인에게 "도가 어디에 있습니까?" 하고 물었다. 도인이 이르기를 "나무하고 불 때는 데에 있다."고 대답한다. 우리네 삶에 있어서 땔나무를 마련하고 밥을 짓는 일은 일상생활의 요긴한 일들이었다. 나무할 때는 정성스럽게 나무를 하고, 밥 지을 때는 정성스럽게 밥을 짓는 것이 도라는 말씀이다. 그런데 나무할 때도 성의를 들여대지 않고, 밥을 지을 때도 허튼짓을 한다면 어떻게 되겠는가?

공부란 무엇인가? 일상생활 속에서 운심처사運心處事하는 것이 공부이다. 운심처사란 마음을 운용하고 일을 처리한다는 뜻이다. 마음을 잘 다스리고 일을 바르게 행해나가는 것은 마치 운전하는 사람이 바르게 운전하면서 주위의 차량흐름을 잘 읽어서 처리해 나가는 것과 같다.

차를 몰고 나온 사람이 차선을 지키지 않고 넘나들거나, 차량흐름을 무시하고 속도를 내고, 앞차와의 거리 등을 무시한다면 어떻게 되겠는가? 깜빡이 하나 넣는 것이 하찮은 일 같지만, 트인 도로에서 많은 차량이 같이 달리고 있으니, 하찮은 일이 결코 하찮은 일로 끝나지 않는다.

그와 같이 마음공부 하는 사람이 우리의 일상생활을 떠

나서 한다면 어떻게 되겠는가? 그것은 바르게 배운 운전습
관을 차를 몰 때는 잊어버리는 것과 같고, 배고픈 사람에게
그림 속의 떡과 같아서 아무런 의미가 없는 일이 되고 만다.
"사람이 밥 하나 먹고 말 한마디 하는 데에도 공부가 있다"
는 말씀은 공부가 우리 일상생활 속에서 이루어져야 한다는
가르침이다.

이를 원불교 좌산 상사左山 李廣淨 上師는 이렇게 말씀하셨다.

일과日課에 득력得力하라.

일상생활을 영위하는 가운데 마음의 힘을 얻어야 한다
는 말씀이다. 학생이 일과를 지키지 못하거나 회사원이 일과
를 지키지 못하면 그 신분을 유지하기 어려울 것이다. 그러나
다만 일과를 지킬 뿐만 아니라, 그 일과를 지켜나가는데 열과
성을 다한다면 유능한 인물이 된다.

체중이 지나치게 많이 나가는 사람이 조절한다면서 운
동에 성의가 없다면 어떨까? 그리고 날마다 저녁 늦게 라면
등으로 포식한다면 조절이 아니라 증가로 끝날 것이다.

밥 먹고 말하는 것은 지극한 일상생활이다. '밥을 복 있
게 먹는다' 하고, '말을 본本 있게 한다'는 얘기가 있다. 밥 먹

고 말하는 데에도 품격이 있고 예절이 있다. 예의범절은 문
화의 극치인데, 그것이 일상생활 속에 녹아있다면 그 생활
은 문화인의 생활이요, 격조 있는 생활이 될 것이다. 일상생
활이 마음공부 할 기회라는 말씀이다.

적당한 역경

대종사 이춘풍으로 더불어 청련암青蓮庵 뒷산 험한 재를 넘으시다가 말씀하시기를 「험한 길을 당하니 일심공부가 저절로 되는도다. 그러므로, 길을 가되 험한 곳에서는 오히려 실수가 적고 평탄한 곳에서 실수가 있기 쉬우며, 일을 하되 어려운 일에는 오히려 실수가 적고 쉬운 일에 도리어 실수가 있기 쉽나니, 공부하는 사람이 험하고 평탄한 곳이나 어렵고 쉬운 일에 대중이 한결같아야 일행삼매—行三昧의 공부를 성취하느니라.」

『대종경』 수행품 34장

말씀 속에 나오는 청련암은 전라북도 부안의 변산에 있는 절이다. 부안은 김제와 이웃해 있어서, 요즈음 새만금 간척사업이 활발하게 진행되고 있는 곳이다. 자동차 드라이브를 좋아하는 분들은 찾은 경험이 있을 테지만 우리나라 삼대 아름다운 드라이브 코스의 하나라고 한다. 새만금 쪽에서 변산 해수욕장을 지나면 눈 아래 바다 위에 연꽃처럼 떠 있는 섬이 드러난다. 원불교 하섬해상훈련원이다. 그리고 드라마 '불멸의 이순신' 세트장과 격포·채석강의 절경으로 들어가게 된다.

곰소 쪽을 향해 달리면 아름다운 산과 바다, 그리고 풍성한 먹거리가 기다린다. 자동차로 약 40분 정도면 서해안으로 돌출해 있는 국립공원 변산반도를 일주할 수 있는데 고창 쪽에 내소사가 소재한다. 그 안쪽으로 높고 험한 산맥이 굽이굽이 내변산을 이루며 그곳에 청련암이 있다.

대종사가 제자인 이춘풍薰山 李春風, 1876~1930 선생과 함께 청련암 고갯길을 넘은 것이 1920년경의 일이다. 전남 영광에서 배로 고창만의 곰소에 닿아 산을 넘어 주석하고 있던 내변산의 봉래정사로 향하는 길이다. 일제강점기의 어려운 시대에 교통도 어지간히 불편한 상황인데 그 험한 산을 넘으면서 우리의 마음이 어떻게 모이는가를 가르쳐주고 있다.

험한 길을 걷노라면 저절로 집중되어 일심 공부가 된다. 어려운 문장이나 까다로운 일을 당할 때 저절로 긴장하고 집중이 되는 원리가 있다. 대신에 평탄한 고속도로가 계속되면 자칫 졸음에 빠지게 된다. 변산의 외곽을 도는 드라이브 코스는 시냇물이 흐르듯이 구불구불하여 저절로 주의

하면서 운전하도록 조성되어 있다.

은사인 종교학자 류병덕柳炳德, 1930~2007 박사는 '적당한 역경'과 '저력의 용기'라는 말을 자주 사용하였다. 자신이 감당하기 벅차다고 생각되는 역경도 끝까지 굴하지 않고 전력투구하는 용기로 돌파해 나갈 때, 그것은 다만 역경으로 끝나지 않고 나를 키워주는 계기가 된다는 것이다. 나를 성장케 하는 계기를 역경이라 이름 붙이기 어려우니, 이를 일러 '적당한 역경'이라 부른다는 것이다. 그리고 역경을 넘어서는 밑바닥을 박차고 일어나는 용기가 '저력의 용기'이다.

그런데 저력의 용기는 형편이 어려울 때만 필요한 것은 아니다. 환경의 좋고 나쁘고를 가리지 않고 한결같은 마음, 한결같은 용기가 경주될 때 위력을 발휘하게 된다. 그것이 바로 일행삼매이다. 삼매란 마음이 오롯한 것을 말한다. 하나의 행동을 옮기는데 마음이 오롯하다면 그것은 마음공부가 되었다는 말이다. 일상생활에 있어서 마음이 오롯하고, 기운이 충만하다면 건강한 삶, 재미가 붙는 삶이 아니겠는가?

하늘 사람

대종사 말씀하시기를「그대들은 하늘 사람을 보았는가. 하늘 사람이 하늘 나라에 멀리 있는 것이 아니요, 저 어린이들이 바로 하늘 사람이니 저들은 마음 가운데 일호의 사심이 없으므로 어머니를 통하여 천록天祿이 나오느니라. 그러나 차차 사심이 생기면 천록도 따라서 그치게 되나니, 수도인修道人들도 사심만 없고 보면 한량없는 천록이 따르지마는 사심이 일어나면 천록 길이 따라서 막히게 되느니라.」　　　　　『대종경』수행품 35장

어린이들을 왜 하늘 사람이라고 하였을까? 하늘이 어떤 원리를 가졌기에 어린이들더러 "저들은 마음 가운데 일호의 사심이 없으므로" 하늘 사람이라고 풀이하였을까?

원불교에서는 우리가 이 세상에 존재하는 근거와 조건을 네 가지 은혜四恩로 가르쳐주고 있다. 사은은 천지은·부모은·동포은·법률은이다. 이 중에서 천지은을 설명하면서

천지에는 여덟 가지 도가 있다고 일러 준다. 천지팔도는 첫째 지극히 밝고, 둘째 정성스럽고, 셋째 지극히 공정하고, 넷째 순리자연하고, 다섯째 광대무량하고, 여섯째 영원불멸하고, 일곱째 길흉이 없고, 여덟째 응용에 무념한 도이다.

만약에 천지가 옳고 그르고, 가깝고 멀고, 좋고 싫고를 따진다면 어떨까? 아마 도라고는 할 수 없을 것이다. 저 사람은 밉상이니 배추 농사를 짓는데 우박을 내리고, 저 사람은 곱상이니 사시사철 춘삼월만 있게 한다면 그것은 사심에 불과하다.

과연 천지가 지극히 광명하여 사심이 없는 것은 어린이가 천진하여 사심이 없는 것과 비교된다 하겠다. 천진하여 때 묻지 않은 어린이, 사심 없는 어린이를 하늘 사람이라 풀이한 것이다. 하늘 사람에게는 천록이 생긴다. 어린이가 세상에 나오면 그동안 없던 어머니의 젖이 저절로 생기니 천록이라는 말이 합당한 표현이라 하겠다.

어린이가 티 없이 웃는 함박웃음을 보면서 철없던 젊은 이들이 철든 부모로 거듭나게 된다. 그런 의미에서 자식의 효도는 부모의 품 안에 있을 때 마친다고 하겠다. 만약에 부모가 자식을 향해 "너는 커서 나를 봉양하라"고 하면서 꼬박꼬박 기다린다면 철든 어른이라 할 수 있겠는가? 양식이 있는 사람이라면 자식을 향해 "이렇게 커서 인륜 도덕을 배워 사회로 나가게 되었으니, 사회에서 마음껏 실력발휘를 해라"고 가르쳐야 할 것이다.

어린 자녀가 부모 품안에서 재롱을 부리고, 착한 짓이라도 하면 얼마나 보람이 있겠는가? 그런데 만약에 병이라도 나서 열이 펄펄 끓으면 부모는 정신을 쏙 뺄 정도로 당황하게 된다. 효도가 먼 곳에 있는 것이 아니다. 어린 자녀가 건강하게 자라주는 데 있다. 그런 의미에서 어린 시절 건강하게 자라고 열심히 공부하고 바른 인성을 가꾸어 나가는 것이 다름 아닌 효도라는 말씀이다.

수도인의 생활도 일반이다. 수도한다고 적막한 곳에서 안일에 빠져 있으면 세상에 무슨 도움이 되겠는가? 시비이해로 운전되는 세상이지만 그 시비이해를 넘어서서 사심 없이 수도한다면 세상을 맑히는 청량제, 이른바 허브가 된다. 그런 허브에게는 바르게 수도할 수 있는 환경이 갖추어지게 되니, 그것이 천록이다.

마음공부를 잘 해나가면 세상이 큰 복전이 된다. 따뜻하고 배려하는 마음이 서로 건너면 그것이 훈훈한 세상이요, 낙원 세계이다. 그 가운데 지혜롭고 복 짓는, 건강한 하루가 전개된다면 낙원 세계를 건설하는 생활이다.

맑고 밝고 훈훈하게

대종사 말씀하시기를 「나는 그대들에게 희로애락의 감정을 억지로 없애라고 가르치는 것이 아니라, 희로애락을 곳과 때에 마땅하게 써서 자유로운 마음 기틀을 걸림 없이 운용하되 중도中道에만 어그러지지 않게 하라고 하며, 가벼운 재주와 작은 욕심을 미워할 것이 아니라 그 재주와 발심의 크지 못함을 걱정하라 하노니, 그러므로 나의 가르치는 법은 오직 작은 것을 크게 할 뿐이며, 배우는 사람도 작은 데에 들이던 그 공력을 다시 큰 데로 돌리라는 것이니, 이것이 곧 큰 것을 성취하는 대법이니라.」

『대종경』수행품 37장

이렇게 어지러운 세상에도 도인이 있을까? 의심하는 사람들이 없지 않을 것이다. 그런데 어지러운 세상이라면 참된 도인이 더 많아야 하지 않겠는가?

그렇다면 현대의 도인들은 어디에서 공부해야 할까?

복잡한 세상을 등지고 오롯하게 마음공부에만 매달려야 할까? 물론 번거로움을 피하여 수도의 기본을 닦을 필요는 있을 것이다. 그러나 영원히 직업에 의한 생산활동을 버리고, 모든 인연관계를 끊고, 오직 자기만을 위해 공력을 들이고 산다면 세상의 발전과 아무런 관계가 없어져 버린다.

그런 공부는 죽은 공부이다. 산 공부는 이 세상의 대중 속에서, 일과 속에서 끊임없이 해나가는 공부이다. 고생하면서 배운 기술과 재주, 마음 쓰기가 있는데, 일을 당하여 쓰지 않는다면 자격증을 딸 필요도, 면허증을 받을 필요도 없어진다.

마음공부를 올곧게 하여 마음을 바르게 운전하는 것이나, 기술이나 재주를 길러 그 일을 잘 해나가는 것은 같은 원리이다. 일상생활 속에서 수도, 곧 마음공부를 계속한다면서 희로애락의 감정을 모두 죽이고 산다면 되겠는가? 마음공부를 하는 것은 목석을 만드는 것이 아니라 바르고 지혜롭고 정감 있는 사람을 만드는 데 있다.

학교 선생님이나 직장에서 직책을 가진 사람이 업무에 충실히 한다고 엄숙하고 권위적인 분위기를 유지하면서 긴장감만을 고조시킨다면 어떻게 되겠는가? 아마 학생들이나 직원들이 숨 막혀 못산다고 할 것이다. 요즈음은 군대에서

도 가족적인 분위기를 이루어 전우애로 뭉칠 때 전력戰力이
강화된다고 가르친다.

원불교 좌산 상사는 '맑고 밝고 훈훈하게'라는 공부표
준을 주었는데, 어린 자녀들을 공부시키는 데도 필요한 가
르침으로 생각된다. 우리가 상담자가 되어 카운슬링을 할
때는 내담자가 자기를 잘 비춰보면서 스스로 일을 해결해
갈 길을 자각하도록 하는 것이 요점이다. 어린 자녀들의 공
부에는 지금 당장 성적을 몇 점 올리는 것이 전부는 아닐 것
이다. 공부에 재미를 붙이고 스스로 학습활동을 해나갈 수
있는 분위기를 마련해주는 것, 마라톤처럼 멀리 보면서 기
초를 튼튼히 다져나가도록 하는 것이 중요하다.

세상을 살면서 모든 일에 당장 눈앞의 상황에 빠져버려
서는 안 된다. 개인이 일생을 살아갈 목표를 정하는 것처럼,
가정이나 사회 국가도 원대한 목표를 정해놓고, 큰 목표를 성
취할 수 있도록 공을 들여나가야 한다. 그러나 그 과정 역시
인간미가 넘쳐야 한다. 그것이 맑고 밝고 훈훈한 세상이다.

지혜와 권리

대종사 말씀하시기를 「그대들이 공부와 사업을 진행하는 가운데 크게 위태한 때가 있음을 미리 알아야 할 것이니, 공부하는 사람에게 크게 위태한 때는 곧 모든 지혜가 열리는 때요, 사업하는 사람에게 크게 위태한 때는 곧 모든 권리가 돌아오는 때라. 어찌하여 그런가 하면 근기가 낮은 사람은 약간의 지혜가 생김으로써 큰 공부를 하는 데 성의가 없어지고 작은 지혜에 만족하기 쉬우며, 약간의 권리가 생김으로써 사욕이 동하고 교만이 나게 되어 더 전진을 보지 못하는 까닭이라, 공부와 사업하는 사람이 이런 때를 조심하지 못하고 보면 스스로 한없는 구렁에 빠지게 되느니라.」

『대종경』수행품 38장

공부와 사업을 진행하는 데 있어서 위태한 때를 일러주는 법문이다. 인간의 삶에 있어서 작은 것에 대한 자만이 얼마나 위험한 일인가를 깨닫게 해준다. 작은 그릇에 하찮은 물건이 담겨있으면 값진 물건을 담을 수 없는 일이다.

하물며 욕심에 가득 찬 사람이 맑은 영혼을 소유할 수 있겠는가? 맑은 영혼은 계곡의 물빛처럼 본래 그 모습이다. 아름다운 색깔도 아니고, 아무런 찌꺼기도 없는 한결같은 모습이다. 생각해 보면 자신을 텅 비게 하는 노력이 우리들의 생활 중에 필요하다. 독서를 하는 것도, 명상하는 것도, 텔레비전을 켜놓고 '개그콘서트'를 보면서 마음 놓고 웃는 것도, 그리고 고향 언덕에서 찍은 어릴 적 사진을 들여다보며 친구들을 그리워하는 것도, 다 현실 속에 함몰된 우리들의 영혼을 맑게 해준다. 자신을 텅 비우는 노력을 하면 영혼은 저절로 맑아지게 된다. 미움도 성냄도 없는 마음, 급할 것도 머뭇거릴 것도 없는 그 마음으로 우리의 일상생활을 돌이켜 볼 필요가 있다.

공부를 하는 데 있어서나 사업을 하는 데 있어서나 다 같이 많은 고비가 있게 마련이다. 그런데 큰 공부, 큰 사업을 방해하는 위태로운 고비는 주위 환경이 아니라 나 자신에게 있다. 공부하는 사람에게 지혜가 열리는 것은 당연한 일이지만, 작은 지혜에 자만하여 공부에 성의가 없어진다면 그 공부는 쉬어버리고 만다.

사업을 하는 사람에게 권리가 돌아올 때도 초심을 잃지

않고 노력한다면 얼마나 좋을까? 그런데 작은 권리를 즐겨 다른 욕심이 생기고 교만해지면 그 이상의 진전은 기대하기 어렵게 된다. 국가대표 축구선수가 되겠다는 사람이 동네 축구선수로 자만한다면 결국은 동네 축구선수로 머물고 만다.

일본 중세인 가마쿠라鎌倉시대에 정토진종淨土眞宗을 세운 친란성인親鸞聖人, 1173~1262이 있다. 그는 자신을 '어리석은 대머리愚禿'라고 부른다. 그의 초상화를 보면 대머리인 것은 사실이지만, 스스로 어리석음을 고백하는 모습에는 진정한 수도인의 모습이 엿보인다.

정토신앙에서는 오직 염불만을 전업으로 하는 전수염불專修念佛은 "이 세상은 악이 가득 차 있는데, 이런 세상에서 자신의 조그마한 지혜로 깨우침을 얻는다는 것은 탐욕이다. 차라리 어리석음을 알고 지혜를 놓아버리자."는 원리에서 출발한다. 친란은 거기에 한 발 더 나아가고 있다. "선한 사람이 구제를 받는 것이 원리라면 악한 사람이 먼저 구제받는 것은 당연하지 않겠는가?"라고 반문하고 있다. 이를 악인정기설惡人正機說이라고 한다. 작은 것을 놓는 공부가 필요한 세상이다. 오늘도 놓는 공부로 여유로운 하루를 마련하자.

적공

대종사 말씀하시기를 「어리석은 사람은 한 생각 나는 즉시로 초범월성超凡越聖의 큰 지혜를 얻으려 하나 그것은 크게 어긋난 생각이라, 저 큰 바다의 물도 작은 방울 물이 합하여 이룬 것이요, 산야의 대지도 작은 먼지가 합한 것이며, 제불 제성諸佛諸聖의 대과大果를 이룬 것도 형상 없고 보이지도 않는 마음 적공積功을 합하여 이룬 것이니, 큰 공부에 뜻하고 큰일을 착수한 사람은 먼저 마땅히 작은 일부터 공을 쌓기 시작하여야 되느니라.」

『대종경』 수행품 44장

'기본기에 충실하라'는 말이 있다. 서예를 하는 사람이 쳇줄을 익히고 익혀 붓을 들면 저절로 그 글씨가 나오도록까지 익혔을 때 비로소 통했다 할 것이다.

아침으로 좌선하는데, 처음 바르게 앉아 호흡을 가다듬고 마음을 안온케 하려고 할 때, 얼른 자리잡히지 않는 것은 당연하다. 5분이 못되어 다리가 저리고 좀이 쑤시고, 망념이 가는가 싶으면 졸린다. 그런 좌선을 하고 또 하면서 자신을 가만히 주저앉혀 거듭 자세를 바로잡으면 차차 자리가 잡혀간다.

좌선이 몸에 익으면서 점차 재미도 더해진다. 처음 그렇게 지루하던 것이 언제였던가 싶게 시간도 공간도 나도 환경도 잊어버리고 오직 맑고 시원한 진경을 맛보게 된다.

그런데도 여행이나 바쁜 일로 며칠간 좌선시간을 거른 다음에는 바로 삼매경에 들기가 어려워진다. 그런 의미에서 계속하는 것이 힘이다. 매일 같이 공부하던 학생도 명절 등으로 며칠간 놀다가 보면 자리잡히지 않는 것도 같은 원리이다.

이와 같은 이치를 모르고 공부나 무슨 일을 시작하여 단 한 번에, 그리고 한꺼번에 모든 계획을 이루려 한다면 되겠는가? 수도에 뜻을 두는 것은 좋으나 어리석은 사람은 단번에 큰 능력을 얻을 것이라고 밀어붙인다. 초범월성超凡越聖의 지혜란 보통사람을 뛰어넘고 성인도 뛰어넘는 큰 지혜를 뜻한다. 초심자가 구경처를 단박에 알고, 큰 지혜를 단박에 얻으려 하면 그것이 욕심이요, 무리가 따르게 마련이다.

목표를 정해놓고 기본기를 충실히 하면서 조금씩 착실

하게 계속하는 것이 실력이다. 사업을 할 때도 자본과 기술을 확보하고, 시장의 정보와 민심을 확실하게 파악하고, 장단기 목표를 정하여 우선책과 차선책을 마련해 나갈 때 성공을 기약할 수 있다. 큰 사업을 한다는 사람이 충분한 준비를 하지 않고 우선 저질러 놓고 본다면 실패하려고 작정한 사람이 되고 만다.

원불교의 창립정신에 이소성대以小成大 곧 "작은 것을 모아 큰 것을 이룬다"는 교훈이 있다. 생각해 보면 태산과 대해를 비롯하여 세상 어느 것 하나 이소성대 아닌 것이 없다. 마음공부에 있어서 이소성대의 예를 들면 제불제성의 대과 곧 "모든 부처님과 모든 성인께서 이룬 큰 진리"를 말할 수 있을 텐데, 이는 형상도 없고 보이지도 않는 마음의 적공을 합하여 이룬 이소성대의 결과이다.

'작은 것이 아름답다'는 말이 있다. 작은 적공을 성의 있게 쌓아 나간다면 성공도 그 안에 있게 된다.

자기를 아는 지혜

‘슬기롭다’, ‘지혜롭다’는 말은 산뜻하고 좋다. 날로 복잡해지는 사회환경 속에서 지혜로운 대처를 하면서 살아갈 수 있다면 얼마나 좋겠는가? 그런데 우리를 지혜롭지 못하게 하는 원인이 있다.

공부에 있어서나 사업에 있어서나 자만은 금물이다. 스스로 지혜 있다고 자만하는 것만큼 어리석은 사람은 없을 것이다. 지혜로워지는 길을 애써서 막기 때문이다. 모르는 것을 모른다고 할 때 알 길이 생긴다. 그것이 지혜로워지는 방법이다.

지혜라는 말이 나오니 속담이 떠오른다. "세 사람 모이면 문수文殊의 지혜智慧"라고 했다. 문수란 지혜가 가장 뛰어난 문수보살을 가리킨다. 사람이 어리석은 것 같으나 세 사람의 지혜를 모으면 문수보살과 같은 지혜가 나온다는 말이다.

문수보살에 대해 좀 더 알아보자. 큰 절에 부처님이 삼체三體로 모셔진 경우가 있다. 삼존불三尊佛 말이다. 가운데 모셔진 부처님을 주불主佛이라 하고, 좌우에 모셔진 부처님을 보처불補處佛, 또는 협시脇侍라고 한다. 주불을 좌우에서 모시는 보처는 위대하고 거룩한 부처님의 성격을 나누어 갖는다. 부처님은 상구보리 하화중생上求菩提 下化衆生 곧 "위로 깨달음을 구하고 아래로 중생을 교화한다"고 한다. 바로 보처의 한 분이 위로 깨달음을 구하는 지혜를 상징하고, 한 분이 아래로 중생을 교화하는 자비를 상징한다.

주불에 따라 보처도 바뀌게 되지만 지혜와 자비를 상징하는 보처불의 성격은 그대로이다. 주불인 서가모니불을 모시는 전각이 대웅전인데, 이를 주불로 모시면 반드시 보처로 지혜의 문수文殊보살, 자비의 보현普賢보살이 따른다.

우리가 스스로 어리석은 줄을 알 때 주위의 지혜로운 사람을 우러르게 된다. 그렇게 남의 지혜를 나의 지혜 삼아

나간다면 문수보살처럼 지혜로워지게 된다. 이 세상은 더불어 사는 사회이고, 따라서 더불어 사는 지혜를 우리가 살려가야 할 것이다. 오래 전부터 '타 종교'라는 말 대신에 '이웃 종교'라는 말을 사용하고 있다. 타 종교라는 말은 남의 종교라는 뜻이니까 자칫 경쟁의 상대에서 배척해야 할 적으로 인식하기 쉽다. 나의 이웃이 생명으로 알고 신앙하고 삶의 철학을 가꾸어가는 종교인데 말이다. 대신에 이웃 종교는 넘나들고 서로 주고받으면서 세상을 함께 구제해나가는 존재가 되는 것이다.

세계정세를 보더라도 종교가 서로 적대시할 때 전쟁의 그림자가 드리워진다. 물론 이것은 남의 일이 아니다. 다종교사회인 우리나라 사람들은 타 종교에서 이웃 종교로 거듭나야 한다. 더불어 사는 지혜 말이다.

어리석은 사람

> 대종사 말씀하시기를 「어리석은 사람은 근심과 걱정이 있을 때는 없애기에 노력하지마는, 없을 때는 다시 장만하기에 분주하니, 그러므로 그 생활에 근심과 걱정이 다할 날이 없느니라.」
>
> 『대종경』 요훈품 9장

많은 사람이 근심 걱정이 끊일 날 없이 살고 있다. 걱정될 일이 있을 때 그 일을 해결하기 위해 노력하는 것은 당연하다. 그런데 그런 일이 없을 때 다시 장만하기에 분주하다면 한심한 일이 아닌가? 이 어리석은 생활을 우리는 흔히 범하고 산다는 데 문제가 있다.

어리석은 사람을 가리키는 말에 우자愚者와 치자癡者가 있다. 어리석을 우는 '꼬리 긴 원숭이 우禺' 밑에 '마음 심心' 자를 붙인 글자인데 순진하고 어리석은 사람을 가리킨다. 그래서 이름자에도 흔히 우 자를 넣어 쓰기도 한다.

이에 대하여 어리석을 치는 '병 역', '병들어 기댈 역' 변에 '알 지知' 자를 붙인다. 알지만 병적病的으로 아는 것이다. 조금 아는 것을 가지고 지혜가 높다고 스스로 자만하고 주위 사람을 무시하는 그런 앎이다. 진정으로 아는 것이 아닌데 홀로 알고 있다고 생각하고 있으니, 윗사람의 지도나 주변의 충고를 받아들이기 어렵게 된다. 그래서 치라는 글자를 '병들어 기댈 역'에 '의심할 의疑'를 붙여서 쓰는 경우도 있다.

이름 자에 치를 넣어 쓰는 경우는 거의 없다. 한말의 서예가 허련許鍊, 1809~1892이 호를 소치小痴라고 썼는데, 유니크한 발상이다.

철학 이야기를 한마디 하자. 그리스 델포이의 아폴로 신전은 '너 자신을 알라'는 글이 새겨져 있는 것으로 유명하다. 철학의 명제가 되어 있는 '너 자신을 알라'는 말이 누구에게서 나왔느냐는 데는 여러 설이 있지만 대 철학자 소크라테스Socrates, BC 469~399의 말이라는 설에 상당한 설득력이 있다. 그는 자기 자신의 혼魂을 소중히 할 것을 역설했다. 그는 자신에게 있어서 가장 소중한 것이 무엇이냐를 물으며 날마다 거리를 헤매었다.

그렇게 해서 이루어진 대화는 자기를 찾는 일이었고,

그의 이런 행각은 필로소피Philosophy 곧 '애지愛知'의 작업이었다. 애지의 '앎을 사랑한다', '앎을 구한다'는 이 앎은 본질적인 지식이요, 지혜를 가리킨다. 오늘날 우리가 철학이라고 부르는 필로소피가 여기서 나왔음은 말할 나위 없다.

지혜를 말하는 것은, 지혜로워질때 어리석음이 가시기 때문이다. 근심스럽고 걱정되는 일이 있다면 볼펜을 들고 종이에 그것을 적어보라. 그러면 아마 근심 걱정이 적어지면서 해결할 방도가 마련될 것이다. 만약에 얼른 해결되지 않을 일이라면 해결방법을 강구해서 적어보라. 그리고 찬물 한 컵을 입안 가득히 넣고 눈을 감고 조용히 명상하라. 좌선을 아는 분은 정좌하고 앉으면 더욱 효과적이다.

명상이나 좌선을 하면 근심 걱정이 많이 가실 것이다. 그런 안락한 마음으로, 오늘도 지혜롭고 건강한 하루를 열어가자.

정과 혜와 덕과 재

수도인에게 있어서 깨달음은 유실수에 달린 실과처럼 고귀하다. 그러나 그것은 저절로 오지 않는다. 정성스러운 마음공부를 통해서 조금씩 다가오게 된다.

이 정성스러운 마음공부 곧 정신수양을 터 닦을 정 자를 써서 정定이라고 한다. 그리고 깨달음은 사리연구를 통한 연구력의 극치를 말하며 지혜 혜 자를 써서 혜慧라고 한다.

그래서 정과 혜는 서로 떨어질 수 없는 관계를 이룬다. 유실수의 꽃과 실과 같은 관계라고나 할까? 사실은 정이 충일充溢하면 혜가 따르게 되고 혜가 충일하면 정이 함께 하게 된다. 그러므로 정과 혜를 같이 운전해야 한다.

그러나 바탕으로 따지면 정 위에 혜를 열어가게 되니까, 정이 그릇이 된다. 훌륭한 정이라는 그릇에 혜를 담아야, 참 지혜가 된다는 것이다.

사업을 하는 것도 수도와 다르지 않다. 재才란 재물을 이루는 지혜이다. 그러나 그 재물도 사업을 이끌어 나가는 큰 지도력 위에서 전개되어야 참 재주가 되는 것 아니겠는가? 옛말에 재승박덕才勝薄德 곧 '재가 승하면 덕이 옅어진다'고 했다. 재주만 앞세우면 포근한 인간다운 맛이 옅어지게 된다. 덕이라는 그릇 위에 재주를 담으면 참 재주가 된다. 근본을 실답게 다지는데 공을 들여야 한다는 말이다.

홍자성洪自誠, 1573~1619이 쓴 『채근담菜根潭』에 이런 말이 있다.

옛사람들이 이렇게 강조한 덕을 오늘에 되살려야 한다고 하면, 어떤 분은 "변화된 이 세상에 무슨 그렇게 한가한 말을 하느냐"고 반문할지 모른다. 그러나 세상이 바뀌어 분주하고 복잡해지면 그럴수록 더욱 필요한 것이 덕이다.

참 지혜는 인격이 바탕이 될 때 비로소 광채를 발하는 법이다. 식견이 없는 지식이란 모래 위에 지은 누각 같아서 오래 보전할 기틀이 되지 못한다. 수도하는 사람이나 사업을 하는 사람은 그릇이 크고, 바탕이 굳건해야 한다. 기본기에 충실한 것이 바로 그릇이요, 바탕이다.

묵은 장맛이란 말이 있다. 곰삭은 장맛은 깊이가 있어 질리지 않는다. 방송국 관계자가 연예인의 수명을 논하면서 이렇게 말한다. "연예계에 발 들여 놓은 사람치고 끼 없는 사람이 없습니다. 하지만 오래도록 대중의 사랑을 받는 사람은 기본기에 충실한 사람뿐이지요." 그러면서 연극배우로 탤런트가 된 연예인을 예로 든다. 설득력이 있는 말이다.

"교묘함을 졸렬함으로 감춘다藏巧於拙"고 했다. 너무 드러내려고 할 것이 아니라, 수도인은 정의 바탕 위에 혜를 꽃 피우고, 사업가는 덕 위에 재를 살려서 참 실력을 발휘해야 제격이다.

고루 화하는 법

> 대종사 말씀하시기를 「다른 사람을 바루고자 하거든 먼저 나를 바루고, 다른 사람을 가르치고자 하거든 먼저 내가 배우고, 다른 사람의 은혜를 받고자 하거든 먼저 내가 은혜를 베풀라. 그러하면, 나의 구하는 바를 다 이루는 동시에 자타가 고루 화함을 얻으리라.」
>
> 『대종경』요훈품 14장

'화和한다'는 말 속에는 화합하다, 조화하다, 화평하다 등의 서로 응하고 합치며 고른다는 뜻이 들어있다. 세상을 살아나가면서 내가 마음을 쓰고 행동을 함으로써 자타가 고루 화한다는 것은 얼마나 멋진 일인가? 그런데 내가 구하는 바를 다 이루는 동시에 자타가 고루 화함을 얻는다면 더욱 좋은 일이다.

자기를 바룬다는 말씀은 유교에서 말하는 수신修身, 제가齊家, 치국治國, 평천하平天下의 이념을 떠올리게 한다. 나의 몸을 바루고, 집안을 가꾸며, 나라를 다스리고, 천하를 평안케 한다는 세상 다스리는 원리治世原理의 본질은 나를 바루는데 있다.

『논어論語』한 대목을 읊어보자. 『논어』는 자왈子曰 즉 "공자 가라사대"로 시작한다. 그 첫머리가 '배우고' 하는 학이學而편이다. 학이편의 첫 문장은 간단하지만 『논어』의 사상, 혹은 공자의 경륜經綸을 가장 잘 간추리는 성격을 띠고 있다.

'학이學而'로 시작되는 문장을 옮겨 보면 다음과 같다.

학이시습지 불역열호 學而時習之 不亦說乎

유붕자원방래 불역락호 有朋自遠方來 不亦樂乎

인부지이불온 불역군자호 人不知而不慍 不亦君子乎

배우고 때로 익히면 또한 즐겁지 아니한가.

벗이 있어 먼 곳으로부터 오면 또한 기쁘지 아니한가.

사람들이 알아주지 않아도 성내지 아니하면 또한 군자가 아닐

런가.

세 문장으로 나누어져 있으나, 가만히 들여다보면 뜻이

연결되어 있다.

공자 당대를 춘추전국春秋戰國 시대라고 한다. 세상이 온통 싸움으로 지새던 시대이니, 대의가 아니라 이익을 추구하고 인도 정도의 실천이 아니라 권모술수가 횡행하던 때이다. 공자가 말한 '학學'이란 인격도야의 배움을 말하는데, 세상에 권세 있는 사람들이 이에 귀를 기울일 까닭이 없었을 것이다.

그렇지만 인격도야의 학을 배우고 읽히다 보면 논리도 반듯해지고 스스로 즐거워진다. 즐겁다는 말을 『논어』에서는 '말씀 설說' 자를 쓴다. 이는 도리를 말하다, 타이르다는 원래의 뜻과 함께, 즐겁다는 의미도 있다. 아마 '즐겁다'는 해석은 『논어』 문장이 유명해지면서 풀이되는 예가 아닌가 생각된다.

이 인격도야의 학문에 뜻을 둔 사람이 먼 곳으로부터 찾아온다면 얼마나 기쁘겠는가? 아마 피를 나눈 형제간 같은 느낌을 받을 것이다. 서울올림픽(1988) 당대에 우리나라를 방문한 교황 요한 바오로 2세가 공항에 내려 "벗이 있어 먼 곳으로부터 찾아온다"고 인사하였는데, 잘 어울리는 말씀이라고 느껴졌다. 벗이라는 말을 '벗 우友'가 아니라 '벗 붕朋'으로 쓴다. '벗 우'가 '열 십十'에 '또 우又'를 붙여 써서

‘서로 어울리는 벗’이라면, ‘벗 붕’은 ‘달 월月’ 자 둘이니 ‘달을 같이 바라본다’ 곧 ‘이념을 같이 하는 벗’이 될 것이다. 그런 벗이 먼 곳에서 온다면 얼마나 반갑고 기쁘겠는가.

그런데도 세상은 이를 알아주지 않는다. 하지만 그런 세상을 원망하지 않고 자신을 다스리며 인격도야의 학문을 전개해 나간다면 그런 인물을 군자라고 하지 않겠는가? 문제 해결의 열쇠가 나에게 있다는 원리를 새겨 볼 필요가 있다.

자기를 이기는 힘

시비이해로 운전되는 이 세상을 우리는 많은 사람과 어울려 살아간다. 크고 작은 싸움 속에서 날마다 살아간다고 할 수도 있고, 또 크고 작은 싸움을 잘 피하며 살아간다고 할 수도 있다.

어떤 사람은 싸움하면서 사는 것을 적극적인 삶이라 할 것이다. 그러나 싸움할 자리를 피해 가면서 조화롭게 사는 것 역시 적극적인 삶이 아니겠는가? 이른바 『손자병법』에 나오는 부전이승不戰以勝 곧 '싸우지 않고 이기는 것'은 차원 높은 병법이다.

어려서부터 싸움을 잘하는 친구가 있다. 키도 별로 크지 않고 몸집도 왜소한데 담대하고 또 기민해서 대중을 압도하는 경우를 보게 된다. 옛날은 요즈음보다 싸움이 잦았던 것 같다. 팔꿈치만 부딪쳐도 시비를 걸어 "한 번 뛰자!"고 한다. '뛰자'라는 말은 결투 신청인 셈이다.

전 학년을 주먹으로 제패하는 악명 높은 친구가 있었다. 그런데 어느 날 깡마르고 성질 한 번 부린 적 없는 모범생 친구에게 호되게 당하고 설설 기는 일이 발생했으니, 사건의 전말은 이렇다. 시끄럽게 떠드는 주먹쟁이에게 범생이 친구가 조용히 해 달라고 부탁하니까, 이 친구가 "너 나와, 한 번 뛰자, 손좀 봐줘야겠어!" 하고 불러냈다. 범생이 친구는 얼떨결에 후미진 곳으로 끌려가게 된 것이다.

그런데 범생이가 모퉁이를 돌아가면서 기습적으로 주먹쟁이의 정강이를 힘껏 걷어찬 것이다. 피할 겨를이 없었던 것은 물론이다. '아이쿠' 하고 엎드리는 주먹쟁이를 팔꿈치로 내리찍고 턱을 걷어차니 일어설 여유가 없었다. 악명 높던 주먹쟁이가 평소에 얌전하던 범생이한테 순식간에 절절 맨 것이다. 저만치 뒤따라가면서 지켜보던 친구들이 누가 먼저랄 것도 없이 '와!' 하고 환호성을 질렀다. 나도 눈이 휘둥그레진 것은 물론이다. 박수 소리가 요란했다.

주먹쟁이 친구는 그때 말로 쪽 팔렸다. 친구들이 모두 보고 있는 데서 호되게 당했으니 얼마나 창피했겠는가? 그 싸움이 계기가 되어 주먹쟁이는 개과천선改過遷善을 하게 된다. 물론 둘은 다정한 친구가 되었다.

나중에 주먹쟁이였던 친구에게 들어봤더니, 싸움 뒤에 얼마나 창피했는지 죽고 싶더라는 것이다. 고개를 들고 다닐 수가 없더란다. 싸움에 진다는 것이 어떤 것인지를 뼈저리게 느꼈는데, 진짜 어려운 일은 그렇게 폼이 구겨진 자신을 참고, 다스리는 일이었단다. 그는 주먹쟁이로 살아온 자신을 반성하면서 갑자기 철이 들었고, 결국은 자신을 이기게 되었다.

지금껏 놀던 주먹쟁이 친구들과도 관계를 끊었다. 정확하게 말하면 주먹쟁이 세계에서 그때 속어로 '쪼다' 취급하면서 방출한 것이다. 그 친구는 할 일이 없어서 이 책 저 책 뒤적거리다가, 정말로 공부를 시작하게 되었다고 한다. 그리고는 부끄럽지만 범생이 친구를 찾게 되었고, 그래서 오늘의 자기가 있게 되었다고 고마워한다. 실컷 얻어맞고 말이다.

주먹쟁이 친구는 때때로 옛날 버릇이 나와서 주먹이 근질거리는 모양이었다. 그러나 이후 한 차례도 싸움하는 것을 보지 못했다. 그러면서 "싸움을 하기보다 안 하기가 더 어려운 것 같아. 인내에는 진정한 용기가 필요해."라고 말하곤 하였다. 진정한 인내란 자기를 이기는 힘이라는 생각이 들었다.

생각해 보면, 세상을 이끌어 가는 요소, 그 열쇠는 결국 나에게 있다. 나를 어떻게 컨트롤統御해 가느냐가 문제이다. 세상을 덮을 호연지기浩然之氣 속에 자기를 다스리는 힘을 길러 나갈 때 용기 있는 인물이 된다.

용맹과 재주

대종사 말씀하시기를 「용맹 있는 사람이 강적 만나기 쉽고, 재주 있는 사람이 일 그르치기 쉬우니라.」 『대종경』 요훈품 8장

우화寓話 속의 토끼와 거북 이야기는 결국 우리들 인간에 대한 교훈이다. 느림보 거북이는 아무래도 날쌘 토끼와 상대가 되지 않는다. 상대 되지 않으니까 자기 역량껏 최선을 다해서 목표를 향해 전진할 뿐이다. 결국, 날쌘 토끼가 진 것은 자만하고 방심했기 때문이다.

용맹한 사람은 상대방을 얕보기 쉽다. 재주 있는 사람이 자만하기 쉬운 것과 같은 이치이다. '곳곳이 부처님 일마다 불공處處佛像 事事佛供'이라는 가르침은 세상을 살아갈 마음가짐을 한마디로 일러준다. 더할 것도 덜할 것도 없는 한결같은 마음이 살아있는 마음이다. 살아있는 마음은 상대방을 공경하고, 늘 정성스럽다. 그럴 때 실수도 줄어들게 마련이다.

대종사는 일을 잘하는 방법을 세 가지로 일러준다. 첫째는 일이 있기 전에는 미리 준비하고, 둘째는 일을 당해서는 전일하고, 셋째는 일을 마치고서는 반성하라는 것이다. 일하는 데 있어서 당연한 가르침일 것 같은데 평상시의 생활에서는 흔히 놓고 살기가 쉽다. 책상머리에 적어 놓고 연마할 일이다.

세상에는 힘이 세고 재주가 신출귀몰한 사람이 많다. 스스로 용맹하고 재주 있다고 생각하는 사람은 안으로는 자만하기 쉽고, 밖으로는 또 자기와 같은 사람을 만나기 쉽게 된다. 서도에 능한 사람이 마지막 글자의 파임을 잘못하거나, 기가 막히게 좋은 문인화 작품을 만들어 놓고는 화제畫題의 글을 확인하지 않고 오자誤字를 넣는다든지 하면 작품을 버리고 만다. 좋은 작품을 만들어 놓고 낙관을 줄 맞지 않게 삐뚤거나, 거꾸로 찍으면 어떻겠는가?

중국에서 인장을 새겼더니 위아래를 구별할 표시를 해 주지 않는다. 알고 보니 표시하지 않는 데는 특별한 이유가 있었다. 인장을 들고 위아래를 확인하면서 서류가 틀림없는지, 내가 책임을 질 수 있는지를 살피라는 뜻이란다. 현명한 일이 아닌가?.

국가대표 축구선수의 골키퍼가 자신의 재주를 믿고 멀

찍이 풀백 앞까지 나갔다가 엉겁결에 한 골을 내주었다고 하면 그 자리가 보전될 수 있을까? 재주 있는 사람이 방심하다가 일을 그르친다면 허통할 일이다. 참으로 용맹하고 재주 있는 사람은 자기 자신을 밝게 볼 줄 아는 사람이다.

산업체를 경영하는 사람을 만났더니 인구 이야기를 꺼낸다. 1 경제권을 인구 4천만 정도로 본다면서 우리나라가 통일하고 나면 국제 경쟁력이 높아질 것이라는 말이었다. 상품이나 신기술을 개발하여 생산, 영업체제에 들어갔는데, 인구가 적으면 국내에서 충분한 경험을 쌓지 못한 채로 국제사회에 나갈 수밖에 없다는 것이다. 경험이 축적되지 않았으니 국제환경 속에서 축적해야 하고, 그렇게 될 때 실패의 가능성도 그만큼 커진다면서, 2~3 경제권 정도의 인구가 이상적이라고 한다.

넘칠 것도 부족할 것도 없는 지혜로운 마음, 그 마음으로 건강한 하루를 열어가자.

여의보주

대종사 말씀하시기를 「여의보주如意寶珠가 따로 없나니, 마음에 욕심을 떼고, 하고 싶은 것과 하기 싫은 것에 자유자재하고 보면 그것이 곧 여의보주니라.」　『대종경』요훈품 13장

　여의보주란 문자 그대로 '나의 뜻과 같은 보배구슬'이다. 불가佛家에서 나온 말인데, 풀어보면 "모든 소원을 이루게 해주는 신기한 구슬"이라는 뜻이다. 이런 구슬 하나 있으면 얼마나 편리할까? 주머니 속에 넣고 다니다가 가만히 만져서 가난한 사람에게는 풍족하게 베풀어주고, 병들고 늙은 사람 만나면 건강하고 젊은 사람으로 바꾸어주고, 만나는 사람마다 감화로 서로 거듭나게 할 수 있으니 말이다.

　그러나 인간의 욕심은 한이 없다. 마음 가는 바를 전부 물질로 바꾸어 놓으면 아마 한 사람의 욕심만으로도 지구를 덮을 것이다. 그런데, 만약 여러 사람이 여의보주를 하나씩

가지게 된다면, 세상이 얼마나 시끄럽겠는가?

그래서 마음에 욕심을 떼는 방법을 일러준다. 마음이란 미묘해서 잡으면 있어지고 놓으면 없어진다. 불같이 타오르던 욕심도 한순간 마음 한 번 바꾸고 보면 눈 녹듯이 사라진다.

신라 원효元曉, 617~686 대사의 입당 구법入唐求法 이야기는 이광수李光洙, 1892~1950-?의 소설 『원효대사』 등을 통해 널리 알려져 있다. 대사가 당나라로 향하던 시기는 삼국시대 말기니까 650년대가 될 것이다. 그가 구법에 뜻을 둔 이유가 있다. 당시 당나라에는 현장玄奘, 600~664이라는 고승이 있어 627년 인도에 들어가 구법하고 수많은 불교 저술을 가지고 645년 귀국했었다. 그를 환영한 당나라 태종 황제는 역장譯場을 설치하고 국력을 기울여 한역을 돕고 있었다.

현장은 많은 번역과 함께 인도 여행기인 『대당서역기大唐西域記』를 지었으니 손오공·저팔계로 유명한 『서유기』의 모체가 그것이다. 그가 가져온 경전에는 인도불교의 새로운 사상인 유식唯識계통 서적이 가득했다. 유식은 흔히 '유가瑜伽 유식'이라 하여 수행을 위한 알음알이의 체계를 말한다. '마음이 있다'는 것을 전제로 그 모양을 다루어 나가기 때문에 '법상法相'이라고 한다.

원효 대사는 이를 공부하러 유학을 감행한 것이다. 그런데 유학 가던 길에 토감土龕 곧 묘지 아래에서 하룻밤을 지내다가 주지하는 바처럼 해골 물을 마시는 사건을 경험하게 된다. 그리고는 같이 가던 의상義湘, 625~702 대사와 헤어져서, 유학을 포기하고 신라로 귀환한다.

그때 원효가 각득覺得한 것이 마음자리이다. 마음먹기에 따라 맛있기도 하고 혐오를 느끼기도 하는 현상을 보면서 그는 읊었다.

마음이 생기는 고로 가지가지 법이 생기고, 마음이 멸하는 고로 가지가지 법이 멸한다心生故種種法生 心滅故種種法滅

이 세상이 오직 알음알이三界唯識요, 일체가 오직 마음이 짓는 바라는 일체유심조一切唯心造의 실상을 본 것이다. 그 원리를 알았으니 새삼스럽게 당나라에 들어갈 필요가 없어진 것이다.

욕심 없이 내 마음의 주인공이 되어 마음을 마음대로 쓴다면 진리를 각득한 사람이다. 그리고 그 마음이 여의보주라는 말이다.

삼학공부

> 대종사 말씀하시기를 「공부하는 사람은 세상의 천만 경계에 항상 삼학의 대중을 놓지 말아야 할 것이니, 삼학을 비유하여 말하자면 배를 운전하는데 나침반 같고 기관수 같은지라, 나침반과 기관수가 없으면 그 배가 능히 바다를 건너지 못할 것이요, 삼학의 대중이 없으면 사람이 능히 세상을 잘 살아나가기가 어려우니라.」
>
> 『대종경』 교의품 22장

삼학三學이란 정신수양精神修養·사리연구事理研究·작업취사作業取捨를 말한다. 원불교에서 가르치는 세 가지 마음공부의 길이다.

마음 바탕이 요란하지 않게 하는 '정할 정定' 자, 정공부가 정신수양이다. 이를 닦아가는 방법은 좌선이나 염불이나 주문 등으로 원래 고요한 나의 마음을 찾아 길러가는 것이며, 그 결과로 수양력을 얻게 된다. 정신수양 공부에 의해 훈련 잘된 군인이 전투에서 늠름한 모습처럼 세상의 모든 경계 중에서 태산 같은 수양력을 나투게 된다.

마음 바탕이 어리석지 않게 하는 '지혜 혜慧' 자, 혜공부가 사리연구이다. 이를 닦아나가는 방법은 경전을 읽고 강연도 하고 화두話頭라고 하는 의심 머리도 굴리고, 진리의 대담 회화도 함으로써, 원래 밝아 어리석지 않은 나의 마음을 찾아 길러가며, 그 결과로 연구력을 얻게 된다. 사리연구 공부 때문에 장학퀴즈에서 골든벨을 울리는 주인공처럼 일과 이치에 걸리고 막힘이 없어서 밝은 연구력이 나타나게 된다.

마음 바탕이 그르지 않게 하는 '삼가할 계戒' 자, 계공부가 작업취사이다. 이를 닦아나가는 방법은 일기를 통한 성찰과 주의 그리고 조행 등으로 정의는 분명하게 취하고 불의는 분명하게 버리는 것이며, 그 결과로 대의에 어긋나지 않는 취사력을 얻게 된다. 작업취사 공부 때문에 자동화 시스템이 갖추어진 공장에서 정품과 불량품을 분명하고도 신속하게 가려내는 것처럼 올바른 취사력을 얻게 된다.

생활인이 일상생활 속에서 까닭 있게 살지 않는다면 지혜로운 사람이라 할 수 없을 것이다. 그리고 까닭 있게 살고자 하면 반드시 이와 같은 삼학공부가 필요하다. 공부하는 사람이 천만경계 속에서 생활을 영위해 나가기 때문에 방심하고 산다면 의식있는 사람, 지성인이라 할 수는 없을 것이다.

삼학공부의 원리를 충분히 알지 못하는 사람도 부분적으로, 혹은 일시적으로 이러한 공부심을 기울일 경우가 있다. 문제는 그 대중을 놓지 않는 것이다. 우리 인생을 마라톤에 비유한다면 목표를 설정하고 공부심을 지속하는 것이 무엇보다 중요한 일이다. 처음에는 열심히 하다가 중간에 싫증이 난다든지, 엉뚱한 방향으로 달린다면 목표와는 멀어지게 된다.

목표가 이상이라면 현실과 목표를 이어주는 아치가 삼학의 대중이다. 마치 배를 운전하는 기관수와 나침반이 있어서 목표와 함께 좌표를 확인하는 것처럼 말이다.

이 수양·연구·취사의 삼학을 공·원·정이라고도 한다. 빌 공空, 둥글 원圓, 바를 정正인데, 텅 빈 마음과 두렷한 마음 그리고 바른 마음이 삼학의 대중을 지닌 공부심이다. 원불교 좌산 상사는 '맑고 밝고 훈훈하게'라는 표어를 내렸다. 바로 삼학으로 세상을 살라는 가르침이다.

종교와 정치

> 대종사 말씀하시기를 「종교와 정치는 한 가정에 자모慈母와 엄부嚴父 같나니, 종교는 도덕에 근원하여 사람의 마음을 가르쳐 죄를 짓기 전에 미리 방지하고 복을 짓게 하는 법이요, 정치는 법률에 근원하여 일의 결과를 보아서 상과 벌을 베푸는 법이니라. 따라서 자모가 자모의 도를 다하고 엄부가 엄부의 도를 다하여, 부모가 각각 그 도에 밝으면 자녀는 반드시 행복을 누릴 것이나 만일 부모가 그 도에 밝지 못하면 자녀가 불행하게 되나니…」
>
> 『대종경』교의품 36장

세상을 구하여 이롭게 하자는 데는 종교와 정치가 다르지 않을 것이다. 대종사는 이 종교와 정치를 가정의 자모와 엄부에 비유하여 그 책임과 의무에 대해 말씀하신다. 먼저 종교와 정치의 역할을 분명히 밝히는데, "종교는 도덕에 근원하여 사람의 마음을 가르쳐 죄를 짓기 전에 미리 방지

하고 복을 짓게 하는 법”이요, 그리고 “정치는 법률에 근원
하여 일의 결과를 보아서 상과 벌을 베푸는 법”이라 한 것
이다.

이 가운데서 유의해야 할 사항은 지도자의 덕목이다.
가정에 있어서 엄부와 자모가 없으면 가정이 원만하지 못하
다. 물론 아버지와 어머니의 한 분만 계시기도 하고, 일찍 부
모를 여읜 경우도 있다. 그러나 엄부와 자모의 역할은 누가
하든 확실히 해야 건전한 가정이 된다.

홀어머니를 모시고 사는 친구들 얘기를 들으면, 아버지
살아계실 때보다 훨씬 엄격해지시더라고 한다. 친구의 반듯
하게 자란 모습을 보면서 어머님이 훌륭하시다고 느끼고 있
었는데, 나중에 알고 보니까 신앙 생활을 하면서 공부가 매
우 깊은 것을 알게 되었다.

가정에서 자모와 엄부의 역할이 있어 자녀들이 잘 자라
고 가정이 건전하게 유지하는 것처럼, 나라에는 종교와 정
치가 있어 그 역할을 확실하게 할 때 생민이 행복하고 사회
가 안정되고 나라가 부강해진다는 것이다.

위의 법문은 길게 이어지고 있어서 중간에서 끊었는데,
이렇게 계속된다.

자녀의 행과 불행은 곧 부모의 잘하고 못하는 데에 있는 것과 같이 창생의 행과 불행은 곧 종교와 정치의 활용 여하에 달려 있는지라 제생의세濟生醫世를 목적하는 우리의 책임이 어찌 중하지 아니하리오.

제생의세란 문자대로 해석하면 '생령生靈·생민生民을 건지고 세상을 치료한다'는 뜻이다. 가난과 아픔과 싸움이라는 사회악을 다스리기 위해 종교가 존재하게 된다. 종교지도자가 이를 대수롭지 않게 생각한다든지, 국가사회의 지도자가 생민의 고통을 무심코 지낸다면 그 나라와 그 사회가 바르게 유지될 턱이 없다.

그래서 대종사는 이 법문의 다짐 말씀을 다음과 같이 하고 있다.

그러므로, 우리는 먼저 우리의 교의敎義를 충분히 알아야 할 것이요, 안 후에는 이 교의를 세상에 널리 베풀어서 참다운 도덕에 근본한 선정덕치善政德治를 베풀어 모든 생령과 한 가지 낙원의 생활을 하여야 우리의 책임을 다하였다 하리라.

지금은 신교信敎 자유의 시대이다. 종교와 정치는 분리

되어야 한다. 그러나 사회를 건전하게 이끌어 가는 데 있어서 이들이 서로 긴장 관계를 가지면서 긴밀하게 협조할 때 종교와 정치는 그 역할을 다하게 된다. 우리나라의 종교계 그리고 정치계의 지도자들이 서로 협조하면서 생민을 위해 최선을 다하도록 같이 축원한다.

세상을 운전하는 수레의 두 바퀴

종교는 종교대로, 정치는 정치대로 각각 할 일이 있다. 오늘날은 신교자유시대요, 정교분리政敎分離가 원칙이다. 그러나 종교와 정치가 반목하라는 것은 아니다. 종교와 정치가 서로 조화롭게 자기의 길을 확실히 갈 때 세상이 바르게 가고 생민이 행복을 얻게 된다.

그래서 종교와 정치를 세상을 이끌어 가는 수레의 두 바퀴에 비유한다. 이 밖에도 여러 비유가 있다. 예컨대 도덕으로 가르치는 종교를 동남풍에 비유하고, 법률로 다스리는 정치를 서북풍에 비유한다. 또한 한 가정을 꾸려가는데 있어서 종교를 자모慈母 곧 자애로운 어머니, 정치를 엄부嚴父 곧 위엄을 지닌 아버지에 비유한다.

이 법문은 종교와 정치가 수레의 두 바퀴같이 역할하는 방법에 대해서 이렇게 계속한다.

이는 곧 두 가지 방법이 있나니, 하나는 수레를 자주 수선하여 폐물이 되거나 고장이 생기지 않게 하는 것이요, 하나는 그 수레를 운전하는 사람이 지리地理를 잘 알아서 그에 맞추어 안전하게 운전하는 것이라, 종교와 정치도 또한 이와 같아서 세상을 잘 운전하기로 하면 시대를 따라서 부패하거나 폐단이 생기지 않게 할 것이요, 그 지도자가 인심의 정도를 맞추어서 적당하게 법을 쓰고 정사政事를 하여야 할 것이니라.

집안을 가꾸어 가는 데 있어서 아버지와 어머니 한쪽이 계시지 않을 때 이를 결손가정이라고 한다. 결손가정이 되면 자녀들을 이끌 때나 따르는 자녀들에게 있어서나 그만큼 힘이 든다. 그런데 부모가 버젓이 있으면서 자모와 엄부의 역할을 못 한다면 어떻게 되겠는가?

국가 사회를 이끌어나가는데 있어서도 마찬가지이다. 우리 사회에 있어서도 중대한 국가적 문제가 있을 때 종교지도자들이 호소도 하고 입장도 밝히고 혹은 정부 등에 메시지를 전하고 하여 사태를 바르게 이끌어나가기 위해 노력한다. 대통령이 새로 탄생하면 종교지도자들을 찾아 협조와 가르침을 구하고 있다. 우리 사회의 미풍이다.

결국, 책임은 지도자에 있다. 크고 작은 회사나 기관·단체의 지도자가 상벌을 분명히 하면서 공평하게 취사를 해나간다면 발전하는 모습이 될 것이다. 요즈음은 우리 사회에도 많이 투명해져서 정부나 각 지자체 단체장들의 일거일동을 구성원이 잘 알고 있다.

생각해 보면 세상이 도통道通했다고 할 수 있다. 도통을 말할 때 흔히 6신통神通을 들어 불가사의한 공덕 작용을 든다. 그것은 앉아서 천 리를 본다는 천안통天眼通, 천 리 밖의 소식을 듣는다는 천이통天耳通, 그리고 다른 사람의 마음을 꿰뚫어 아는 타심통他心通, 그리고 빠르기가 눈으로 확인할 수 없을 정도의 신족통神足通, 과거 세상의 생사문제를 아는 숙명통宿命通, 그리고 자유자재로 번뇌를 끊어버리는 누진통漏盡通까지 현대 물질문명이 다 이루었다는 감이 있다. 라디오와 TV가 천안통 천이통을 했다면, 신문이 타심통을 하고,

자동차와 열차가 신족통을 한 셈이다. 인터넷이나 각종 정보가 숙명통을 하고, 각종 약물이나 치료법이 누진통을 했다면 무리한 말일까? 아무튼, 이런 세상에 살면서 지도자가 지도자 역할을 제대로 하지 못하면 따르는 사람이 답답하고 괴롭게 된다.

지도자는 희로애락의 일거일동을 거느리는 사람을 위해서 할 때 바람직한 지도자가 될 것이다. 나 자신은 나 자신의 지도자이다. 수레의 두 바퀴처럼 균형과 조화 속에서 지혜롭고 건강한 하루를 장만해 나가는 것이 실속 있는 삶이다.

구전심수의 가르침

대종사 말씀하시기를 「옛 경전은, 비유하여 말하자면, 이미 지어 놓은 옷과 같아서 모든 사람의 몸에 고루 다 맞기가 어려우나 직접 구전심수口傳心授로 배우는 것은 그 몸에 맞추어 새 옷을 지어 입는 것과 같아서 옷이 각각 그 몸에 맞으리니, 각자의 근기와 경우를 따라 각각 그에 맞는 법으로 마음 기틀을 계발하는 공부가 어찌 저 고정한 경전만으로 하는 공부에 비할 바이리요.」

『대종경』교의품 24장

위의 법문은 제자의 질문에 대한 답으로 베풀어지고 있다.

송도성宋道性이 여쭙기를 "제가 전일에 옛 성인의 경전도 혹 보았고 그 뜻의 설명도 들어보았사오나 그때에는 한갓 읽어서 욀 뿐이요, 도덕道德의 참뜻이 실지로 해득되지 못하옵더니 대종사를 뵈온 후로는 차차 사리에 밝아짐이 있사오나, 알고 보니 전에 보던 그 글이요, 전에 듣던 그 말씀이 온데, 어찌하여 모든 것이 새로 알아지는 감이 있사온지 그 이유를 알고자 하나이다."

이에 대한 질문을 옷의 기성복과 맞춤복에 비유하여 대답해 준 내용이다.

경전에는 여러 가지가 있다. 불교로 보면 『법화경』이나 『금강경』 같은 수많은 경전이 있고, 그리스도교는 『구약성서』나 『신약성서』, 유교에는 『논어』·『맹자』를 비롯한 사서삼경, 이슬람의 『코란』, 천도교의 『동경대전』과 『용담유사』, 원불교의 『정전』과 『대종경』 등이 모두 이에 속한다.

경전이란 무엇인가? 그것은 삶의 좌표를 일러주는 전범典範이다. 군에서 말하는 FM이다. 경전은 성현聖賢의 언행록이다. 종교적 천재가 생의 전환점을 맞이하여 크게 회심回心하므로써 베풀어진 말씀이 주를 이룬다. 회심이란 참회나 회개를 뜻하기도 하지만 마음에 큰 부딪힘이 있어서 인간 본성을 확철대오한 것을 말한다. 그 계기는 서구의 계시종교啓示宗敎에서는 주로 말씀을 통해 이루어지고, 동양의 개오종교開悟宗敎에 있어서는 주로 깨달음을 통해서 이루어지고 있다.

인류역사에서 구세 경륜이 베풀어진 것을 보면 얼마나

많은 경전이 이루어졌겠는가? 종교 교단이 모두 경전을 가지고 있는 것은 아니지만 지역과 민족, 그리고 시대에 따라 수많은 종교가 형성 소멸한 것처럼 많은 경전이 이루어졌고, 인류의 이상이나 삶의 좌표를 제시해왔다.

유교의 가르침은 많이 퇴색되었지만 『논어』를 비롯한 그 경전은 널리 유행하며, 그 생명이 뚜렷하게 살아 있다. 그런데 그 말씀들을 읽고 쓰고 외우고 했는데 큰 의미를 발견하지 못하다가, 철이 들어 새로운 가르침을 알고 보니까 같은 말씀이라는 것이다. 문제는 가르침에 생명력이 있느냐 없느냐에 있다.

그것이 구전심수이다. 구전심수란 문자 그대로 "말로 전하고 마음으로 내려준다"는 뜻이다. 부모나 스승이 그 사람의 근기를 보아서 직접 어떤 지도를 자세히 해줄 경우도 이에 속한다. 외국에 유학할 때 한국 남성의 군 생활을 부러워하는 경우를 여러 번 보았다. 외국인들의 눈으로 보아도 군에 다녀오면 철이 날 것이라는 판단이다.

부모 곁에 있을 때는 몰랐는데 떨어져서 군 생활을 하다 보면 자신을 바로 보게 되는 것은 사실이다. 부모님이 그립고, 그 가르침의 소중함을 알게 된다. 무심코 들었던 말씀을 구전심수로 받아들일 때 인간은 철이 나게 되는 것이다.

도학과 과학의 병진

> 대종사 말씀하시기를 「안으로 정신문명精神文明을 촉진하여 도학道學을 발전시키고 밖으로 물질문명物質文明을 촉진하여 과학科學을 발전시켜야 영육이 쌍전하고 내외가 겸전하여 결함 없는 세상이 되리라.」 『대종경』교의품 31장

정신문명과 물질문명이 아울러 갖추어져야 참다운 문명 세계가 된다. 정신문명은 종교를 대표하고 물질문명은 과학을 대표한다. 정신문명은 정신문화라고 흔히 써 오지만 고래로 우리 선인들은 정신문명이라고 불러왔다. 생활의 편리를 가져오는 것은 물질문명이요, 도덕을 증장시키는 것이 정신문명이다.

종교에서는 옛부터 마치 과학을 인정하고 수용하면 종교가 존립의 기반을 잃는 것 같이 생각하여 과학과 대립하고, 물질문명을 타기해온 경우가 있다. 그러나 도학과 과학

이 같이 발전하여야 결함 없는 세상이 된다는 것이다.

영육쌍전靈肉雙全은 정신과 육신이 아울러 건전해지는 것을 말하고, 내외겸전內外兼全은 안과 밖이 아울러 온전해지는 것을 말한다. 다만 문제는 도덕의 바탕 위에 과학을 받아들이는 데 있다. 정신문명을 잘 갖추어 물질문명을 살려 쓰면 생활에 편의를 가져오게 된다. 그러나 안으로 정신문명을 갖추지 못한 채로 밖으로 화려한 물질문명의 이기利器에 빠져 허우적거리면 인간은 결국 물질의 노예생활을 면하지 못한다.

그래서 이 법문은 다음과 같이 계속된다.

그러나, 만일 현대와 같이 물질문명에만 치우치고 정신문명을 등한시하면 마치 철모르는 아이에게 칼을 들려준 것과 같아서 어느 날 어느 때에 무슨 화를 당할지 모를 것이니, 이는 육신은 완전하나 정신에 병이 든 불구자와 같고, 정신문명만 되고 물질문명이 없는 세상은 정신은 완전하나 육신에 병이 든 불구자와 같으니, 그 하나가 충실하지 못하고 어찌 완전한 세상이라 할 수 있으리오.

현대사회에 있어서 인간이 문명의 이기에 빠져 있는 상

황을 분명하게 진단하고 있다. 정신문명이 결여된 모습을
"철모르는 아이에게 칼을 들려준 것과 같다"고 지적한다. 인
간생활에 있어서 정신문명과 물질문명의 어느 한쪽도 모자
라서는 안된다는 말씀을 "물질문명만 찬란하고 정신문명이
결여되면 육신은 완전하나 정신에 병이 든 불구자와 같고,
정신문명만 되고 물질문명이 없는 세상은 정신은 완전하나
육신에 병이 든 불구자와 같다"고 표현한다.

이 법문의 마지막은 이렇게 결론짓는다.

그러므로 내외 문명이 병진 되는 시대라야 비로소 결함 없는
평화 안락한 세계가 될 것이니라.

대종사는 오랜 구도 끝에 1916년 큰 깨달음을 이루고,
시국을 살펴 구세救世의 표어를 "물질이 개벽되니 정신을 개
벽하자"로 정한 다음, 교화활동을 시작하였다. 개벽 된 세상
이란 바로 '도학과 과학이 병진하는 문명 세계'를 가리킨다.

참 문명 세계가 바로 인간이 물질문명을 바르게 이용하
는 낙원 세계이다. 주어진 물질문명의 이기를 바르게 이용
하면서 건강한 하루를 이룬다면 복된 삶이다.

근기를 따르는 교화

> 대종사 말씀하시기를 「나의 교화하는 법은 비하건대 나무의 가지와 잎사귀로부터 뿌리에 이르게도 하고, 뿌리로부터 가지와 잎사귀에 이르게도 하나니, 이는 각각 그 사람의 근기를 따라 법을 베푸는 연고이니라.」　　　　『대종경』 교의품 23장

교화란 인간화 작업이다. 철모르고 사는 어리석은 사람을 깨우쳐 본성을 회복하고 삶의 의미를 깨우쳐 지혜롭게 살게 하는 것이 교화이다. 원망생활로 날을 지새우던 사람이 스승을 만나 바른 가르침을 받들고 감사생활을 영위하면서 마침내 다른 사람을 바르게 지도할 역량을 갖게 된다면 얼마나 좋은 일인가?

옛말에 "응병여약應病與藥이요 대기설법對機說法이라"고 하였다. 성현들의 교화방법을 가리킨 문자이다. 응병여약이란 '병세에 응하여 약을 준다'는 뜻이다. 병세를 진단하고

거기에 맞는 약을 주어야지, 병세도 모르는 채 마구잡이로 약을 준다면 낫기는커녕 부작용만 불러오게 될 것이다.

대기설법이란 '근기에 대하여 법을 설한다'는 뜻이다. 사람들은 자라온 환경도 각각 다르고, 알음알이도 천차만별이다. 진리를 설하면 어떤 사람은 바로 척 알아듣는데 어떤 사람은 아무리 설명해도 모르고, 또 어떤 사람은 의심 내고 트집만 잡으려 들기도 한다.

외국 생활을 해 보면, 그 나라 말에 바로 숙달하는 사람이 있다. 그런데 몇 년을 살면서도 초보적인 언어조차 안되는 사람도 있다. 특히 나이가 들수록 외국어는 익히기 어려워지는데, 이는 유연성이 떨어지고 사고가 굳어지기 때문이다. 이때 훌륭한 스승을 만나면 좀 더 나아지는 것이 마치 종교가에서 교화를 받는 것과 같은 이치이다.

대종사는 교단을 이루어 교화에 임하여 제자들을 거느릴 때 항상 고락을 함께하였다. 각자의 성격과 신성의 유무, 알음알이와 취사력 등에 대해 밝게 파악하고, 모두가 이해할 언어와 행동으로 상벌 등을 분명하고도 철저하게 시행하였다.

일제 강점기라는 험한 시대를 살아오면서, 민중 속에서 삶의 보람과 희망을 일깨운 모습은 오늘을 살아가는 우리에게 커다란 보감으로 다가온다. 1920년대 말의 일이다.

제자 한 분이 대종사께 명주 두루마기 한 벌을 지어 바친다. 그때는 모두 무명 두루마기를 입을 때였다. 명주 두루마기를 입게 되면 대중과 거리가 멀어지는 느낌이 들고, 그렇다고 모처럼의 선물인데 받지 않을 수도 없는 형편이었다. 그때 대종사는 이렇게 말하고 있다.

오늘 이렇게 좋은 명주 두루마기를 받아 고맙기 짝이 없는 바이지만, 앞으로 내가 두루마기 입을 복이 없을 모양이다. 왜냐하면, 내가 명주 두루마기를 입게 되면 앞으로 선물은 비단 두루마기로 할 것이요, 이는 보통 사람이 용이하게 지을 수 있는 것이 아니다. 그렇다면 무명 두루마기는 지어주지 않을 것이요, 그렇다고 명주 두루마기나 비단 두루마기를 졸지에 지어 줄 사람도 없기 때문이니라.

지도자가 민중성을 잃지 않는다는 것은 중요한 문제이다. 그렇다고 남의 호의好意를 무시할 수도 없는 상황에서 베풀어진 이 말씀은 대중의 마음을 안심시키기에 충분했을 것이다. 생각해 보면 근기에 따라 무량한 방편으로 교화한 것은 오늘날 말하는 고객 위주의 교화방법이라 할 수 있을 것이다.

　대종사는 "까닭 있게 살라"는 말씀을 자주 하였다. 목표
의식을 가지고 살라는 말씀이다. 분명한 목표의식을 가지고
지혜롭고 건강한 하루를 사는 것 그것이 공부인의 삶이다.

물질문명의 주인

현대사회를 살아가는 우리 생활에 있어서 물질문명을 배제하라면 아마 갑갑한 생활이 될 것이다. 종교를 말하는 사람이 과학을 배격한다면 그 논리가 약해지기 마련이다.

현대문명의 이기를 깨달음의 눈으로 보면 어떤 평가가 나올까? 대종사가 대각을 이룬 것은 1916년의 일이다. 위의 법문은 당시 깨달음의 눈으로 시대를 내다보면서 세상을 건질 가르침으로 내놓은 것이다. 사회학자 러스키는 20세기를 전쟁의 시대라고 규정하였지만, 1914년 제1차 세계대전을 경험하고 난 인류사회는 그야말로 인간이 물질문명의 노예가 되어 지구촌을 전장으로 내몰았었다.

"물질이 개벽되니 정신을 개벽하자"는 지도강령은 바로 물질문명에 대한 정신문명, 곧 과학에 대한 도학의 진흥에 있었다. 물질문명은 인간생활에 있어서 커다란 편의를 가져다준다. 그러나 물질문명의 이기에 빠져버리면 인간성을 상실하고 마는 것이다. 대종사는 1943년에 열반에 들었는데, 1941년에 제2차 세계대전이 일어났으니, 물질의 노예가 되어 인간성을 말살한 인류의 모습을 확연하게 보았다는 말이다.

그렇다면 참 문명 세계란 어떤 것일까? 이 법문은 다음과 같이 이어지고 있다.

이 세상에 아무리 좋은 물질이라도 사용하는 마음이 바르지 못하면 그 물질이 도리어 악용되고 마는 것이며, 아무리 좋은 재주와 박람 박식이라도 그 사용하는 마음이 바르지 못하면 그 재주와 박람 박식이 도리어 공중에 해독을 주게 되는 것이며, 아무리 좋은 환경이라도 그 사용하는 마음이 바르지 못하면 그 환경이 도리어 죄업을 돕지 아니하는가.

물질문명이란 양날의 칼과도 같이 인간을 유익주기 위해 발전시켰지만 잘못하면 인간성을 말살하게 된다는 원리를 분명하게 일러준다. 이 법문은 계속된다.

그러므로 천하에 벌여진 모든 바깥 문명이 비록 찬란하다 하나 오직 마음 사용하는 법의 조종 여하에 따라 이 세상을 좋게도 하고 낮게도 하나니, 마음을 바르게 사용하면 모든 문명이 다 낙원을 건설하는 데 보조하는 기관이 되는 것이요, 마음을 바르지 못하게 사용하면 모든 문명이 도리어 도둑에게 무기를 주는 것과 같이 되느니라.

물질문명을 잘 이용하기 위해서는 정신문명을 계발해 나가야 한다. 그것이 마음쓰는 법 즉 용심법用心法이다. 이 법문의 결론은 이렇다.

그러므로 그대들은 새로이 각성하여 이 모든 법의 주인이 되는 용심법用心法을 부지런히 배워서 천만 경계에 항상 자리이타自利利他로 모든 것을 선용善用하는 마음의 조종사가 되며, 따라서 그 조종 방법을 여러 사람에게 교화하여 물심 양면으로 한 가지 참 문명세계를 건설하는 데에 노력할지어다.

고도의 물질문명은 고도의 정신문명과 함께해야 제격
이다. 과학과 종교가 서로 악수할 때 과학과 도학이 발전하
여 참 문명사회를 이루게 된다는 말씀이다. 마음공부로 과
학을 선용하는 지혜로운 생활을 이루어가야 한다.

생활 속의 원근법

물질문명은 과학의 세계요, 도덕문명이란 정신문명이라고도 하니 종교의 세계이다. 이 세상에 수많은 사람이 어울려서 이 만큼 살아갈 수 있는 것은 세상을 다스리는 두 가지 근본 곧 물질문명과 정신문명에 의한 것이라는 말씀이다. 그러니 그 주체인 발명가와 도덕가에게 항상 감사할 줄 알아야 한다.

이 법문은 좀 더 계속된다.

그러나 물질문명은 주로 육신 생활에 편리를 주는 것이므로 그 공효가 바로 현상에 나타나기는 하나 그 공덕에 국한이 있으며, 도덕문명은 원래 형상 없는 사람의 마음을 단련하는 것이므로 그 공효가 더디기는 하나 그 공덕에 국한이 없나니, 제생의세濟生醫世하는 위대한 힘이 어찌 물질문명에 비할 것이며, 그 광명이 어찌 한세상에 그치고 말 것이리오. 그러나 지금 사람들은 아직까지 나타난 물질문명은 찾을 줄 알면서도 형상 없는 도덕문명을 찾는 사람은 적으니 이것이 당면한 큰 유감이니라.

감사의 원리를 자상하게 일러주고 있다. 눈앞에 보이는 것에 감사할 줄 아는 것은 원망 속에서 사는 사람보다는 훨씬 낫다. 그러나 지혜로운 사람은 속 깊게 감사할 줄 안다. 그래서 현상만이 아니라 근본을 다스린다.

원근법이 있다. 십 리 길에 있는 잔칫집에 집안을 대표하여 축하를 하러 가는 사람이 있었다. 그런데 오리쯤 가다가 친구를 만나 "차 한잔하세, 술 한잔하세"라는 권에 따라, 십 리 길의 잔칫집 가기를 포기한다면 바른 행동이 아니다. 원근법을 모른다면 눈앞의 탁구공이 멀리 있는 남산보다 커 보이는 법이다. 우리들의 일상생활에 있어서나 인생의 목표를 달성하는 데 있어서 원근법을 알고 취사한다면 지혜로운 사람으로 바뀌게 된다.

회사에서 새로 개발된 제품을 브리핑하는 자리에서 윗사람이 그 제품의 단점이 될 만한 것을 물어본다. 그런데 그 물음을 마치 신제품의 개발을 못마땅하게 여긴다고 지레짐작한다면 어떻게 되겠는가? 단점으로 보일만 한 부분에 대해 분명한 답을 하여 품질의 우수성을 입증하는 것이 현명한 사람의 처사이다.

인간이 자기 눈앞의 일을 중심으로 하여 보고 생각하고 가치를 매기는 것은 당연한지도 모른다. 그게 범부凡夫의 삶이요, 자기의 생명을 유지하려는 차원이다. 만일 사람이 눈을 크게 떠서 인간과 인간이, 그리고 인간과 만물이 더불어 존재하고 살아가는 원리를 알고 느낀다면 어떻게 될까?

이런 인물은 눈앞에 보이는 세계 외에 넓게 전개된 세계를 안다. 평소에 상대방의 입장이 되어 생각하는 습관을 기르면 저절로 지혜롭고 사려 깊은 사람으로 바뀐다.

그래서 "주로 육신 생활에 편리를 주어 효과가 바로 나타나는 물질문명"보다도, "형상없는 마음을 단련하는 도덕문명 곧 정신문명"에 정성을 들이라는 것이다. 마음단련 곧 마음공부는 모든 공부의 원리가 되니 효과는 더디지만, 그 공덕이 한이 없다는 것이다. 생활 속에 원근법을 살려 나간다면 지혜로운 삶이 될 것이다.

제Ⅱ부 정산종사 법어의 가르침

정산 종사란 어떤 인물인가?

정산 종사鼎山宗師 宋奎, 1900~1962는 소태산 대종사少太山大宗師 朴重彬, 1891~1943의 상수 제자上首弟子로 그 법을 계승한 원불교 제2대 종법사宗法師이다. 그는 1900년 경북 성주군 초전면 소성동에서 태어나 어려서부터 유학儒學을 공부하여 영남학파의 대종을 이었다. 성장하면서 구도와 스승을 찾으려는 노력 속에 대종사를 만나 그 문하에 귀의하였다.

원불교 창립 초기에 앞장서 오다가 1943년 대종사의 열반과 더불어 법주가 되었다. 해방과 함께 교단을 이끌어 오면서 경전 편찬을 비롯하여 대종사 교법을 현창顯彰하다가 1962년에 열반하였다. 그의 법은 대산 종사大山宗師 金大擧, 1914~1998로 계승되었다.

『정산종사법어』는 어떤 경전인가?

『정산종사법어鼎山宗師法語』는 정산 종사의 언행록이다. 원불교 교조 소태산 대종사의 법을 이은 종법사로, 대종사와의 역사적인 만남際遇에서부터 교법에 대한 해설 등 초창기 교단생활을 통해 베푼 구세 경륜救世經綸을 수록하고 있다.

1972년 『세전世典』과 합간하여 『정산종사법어』로 발간되었다. 총 15편으로 기연편機緣編·예도편禮道編·국운편國運編·경륜편經綸編·원리편原理編·경의편經義編·권도편勸道編·응기편應機編·무본편務本編·근실편勤實編·법훈편法訓編·공도편公道編·도운편道運編·생사편生死編·유촉편遺囑編이며 648장의 법문을 수록하고 있다.

세상의 연꽃이 되라

세상에는 여러 가지 직업이 있다. 그리고 이들 직업에는 많은 사람이 생산활동에 종사함으로써 인간의 삶이 영위되어 나간다. 모두가 자기 일에 부지런한데 세상은 자연히 모두가 살아가는 터전이 되는 것이다. 그런 세상에서 수도인은 어떤 역할을 해야 할까? 정산 종사는 "세상의 연꽃이 되라"고 가르친다.

소금과 연꽃에 대한 비유와 신앙은 예부터 인류사회에 널리 유행해왔다. "옛 성인은 제자들에게 소금이 되라고 하셨거니와”의 옛 성인이란 예수를 가리킨 것으로 보인다. 예수의 「마태복음」 5장 13절 말씀은 이러하다.

<blockquote>너희는 세상의 소금이니 소금이 만일 그 맛을 잃으면 무엇으로 짜게 하리오. 후에는 아무 쓸데없어 다만 밖에 버리어 사람에게 밟힐 뿐이니라.</blockquote>

모든 성현의 말씀이 그러하듯이 예수의 복음도 지극한 예화를 통하여 전해지고 있다. 소금 외에도 빛이라든가, 겨자씨의 비유 등 여러 가지를 들 수 있을 것이다. 인간의 삶을 영위하는 데 있어서 소금은 없어서는 살 수 없는 존재이기 때문에 인류 역사를 통해 많은 가르침으로 전해오고 있다. 소금은 사물을 정화하는 의미가 있다. 그래서 라오스의 염전에서나, 일본의 스모라는 씨름 등에서 신앙의례적인 모습으로 전해지기도 한다. 인간이 그러한 유용한 존재가 된다는 것은 얼마나 중요한 일인가?

정산 종사가 연꽃을 말한 것은 특히 그것이 살아있다는 점에서 생동감이 있다. 연꽃의 원산지로 남아시아와 북호주 등이 거론되고 있다. 그러나 그것을 신앙하는 모습은 고대 이집트에서부터 중동, 인도 등에 이르기까지 광범위하다.

불교의 전래와 함께 우리나라나 중국에서도 연꽃은 성스러운 꽃으로 받들어 왔다.

세상의 연꽃이 되라는 말씀을 니중연화泥中蓮花로 표현한다. 뻘밭에 뿌리를 두면서도 맑게 정화된 아름다운 꽃을 피워내는 연, 그것은 악세惡世에 머물면서 참된 수행으로 거진출진居塵出塵하여 정금옥석正金玉石같은 깨달음의 인격을 드러내는 숭고한 수도인을 상징하기에 충분하다.

인도말로 푼다리카Pundarika로 불리는 이 연은 깨달음을 상징한다. 꽃은 원인, 씨방은 결과를 가리키며 원인과 결과라는 인因과 과果가 맺기 위해서는 과거·현재·미래라는 시간이 필요하다. 그런데 연은 꽃과 씨방이 함께 만나니 원인과 결과가 맞닿아 있다는 말씀이다. 인과 과를 한꺼번에 볼 수 있으니 깨달음의 세계를 알려준다는 말씀이 된다.

꽃과 씨, 대와 뿌리, 어느 것 하나 버릴 것이 없는 연, 그런 쓰임새와 깨달음, 어지러운 세상에 횃불이 되는 그러한 인물이 되었으면 좋겠다. 오늘 『부생육기浮生六記』에 나오는 연차, 김제 하소 백련지의 백련 모습이 그리워진다.

총명한 사람

> 정산 종사 말씀하시기를 「어떠한 사람이 눈이 밝은가. 자기의
> 그름 잘 살피는 이가 참으로 눈 밝은 이요, 어떠한 사람이 귀가
> 밝은가. 알뜰한 충고 잘 듣는 이가 세상에 참으로 귀 밝은 이니
> 라.」　　　　　　　　　　　　『정산종사법어』법훈편 19장

눌재訥齋라는 호를 쓰는 인물이 있었다. 일세를 풍미한 변론가이지만 스스로 '어눌한 선비'라는 뜻으로 '말더듬을 눌 자'에 '공경할 재 자'를 사용한 것이다. 말을 더듬듯이 어눌하면서도 그 선비는 조선시대의 명재상이 된 양성지梁誠之, 1415~1482 선생이다.

눌재 선생이 이야기를 하면 어눌해서 주위 사람을 갑갑하게 했다고 한다. 다음에 전개될 내용까지를 다 알고 있는데, 더듬거리면서 느리게 말을 하면 속 터질 일이기도 하다. 그런데 조정에 어려운 일이 있어 임금 앞에 내보낼 사람은

언제나 눌재 선생이었다. 왜 그랬을까?

어눌한 말이 아니라 진실한 충정이 있었기 때문이다. 비단같이 꾸미고 발라서 말할 사람은 수 없이 많아도, 더듬거리지만 임금의 마음속을 헤아려서 꼭 할 말만 하면 되는 것 아니겠는가? 그리고는 조용히 임금의 경륜經綸을 듣는 자세가 남다르게 좋았던 모양이다. 아무리 어려운 문제라도 눌재 선생이 임금 앞에 나가면 모든 것이 '가납嘉納'되었다 하니, 대단한 실력이다.

유학을 할 때 희수喜壽, 77를 맞이한 은사를 찾아뵌 적이 있다. 국비장학금을 신청하는 서류 속에 지도교수의 추천서 형식이 있는데 이를 위해 간 것이다. 이 어른이 그 자리에 앉아서 친필로 써주신 그 추천서 복사본을 요즈음도 가끔 보면서 감탄을 하곤 한다. 세계적인 학자인 노 스승이 쓴 문장을 외우고 있다.

"위 사람은 인격과 식견이 발군이며, 학문적 업적 또한 충분히 갖추어 장래가 유망한 젊은 연구자입니다." 그렇게 시작된 추천서는 마지막을 "이 젊은 연구자는 고국에 돌아가면 자국 사회의 발전에는 물론 양국 간에 문화교류의 사도가 될 터인데, 그러한 인재를 국비를 보조함으로써 모든 시간과 여건을 연구에 할애할 수 있도록 채택해주시기를 바라오며, 국가에서 찾는 최적의 인재로 인정되기에 이에 추천하는 바입니다."

연구자에게는 먼저 연구능력을 생각하게 된다. 그런데 은사는 먼저 인격을 보고, 식견을 본 다음, 얼마나 성실하게 업적을 쌓아왔는가를 보는 것이었다. 그 때 수천 명의 사람들 중에서 불과 20여 명을 뽑는 국비유학생에 선택되는 영광을 입게 되었다. 연구에 전력투구할 여건이 갖추어진다는 것은 공부하는 사람에게 있어서 행운이라 하겠지만, 그 보다도 수십 년 전에 추천서를 받으면서 얻은 신선한 충격은 거듭 새롭게 다가온다.

귀국하여 강단에 서면서 모든 상담 가운데서 우선적인 시간 할애를 세 가지에 두게 되었다. 첫째 학습에 관한 것, 둘째 취직에 관한 것, 셋째 결혼에 관한 것으로, 노 스승을 생각하면서 정한 우선순위이다. 젊은이들을 많이 만나는 대학 캠퍼스에서 살다 보면 이런 기준이 매우 유용하게 작용하곤 한다.

자주 주례를 청탁 받게 되는데 반드시 내가 마련한 식사에 응해줄 때만 응낙을 하고 있다. 결혼하게 되는 두 사람의 집안 사정이며, 성장과정의 철학이며, 서로 만나 결혼에 이르게 된 과정, 장래의 직업과 설계 등에 대해 듣는다. 자기를 지탱해줄 신앙에 대해서도 확인한다. 그리고는 주례사 내용을 세 가지쯤으로 요약하여 행사에 임하고 나서 사진촬영 때 신랑신부에게 전해준다.

나중에 앨범을 보면 백이면 백이 한결같이 첫 사진 뒤쪽쯤에 주례사 쪽지를 붙여 놓고 있다. 자기들 이야기를 들어준 공덕은 가정에 위기가 올 때 개입시킬 계기를 마련해준다. 평소의 안면이 주례를 통해 친숙한 관계로 계속되는 그 가운데 자녀들의 출생이나 성장 등 즐거운 일로 이어진다.

후배가 지은 『눈이 큰 아이 귀가 큰 어른』을 보면서 제목이 좋다는 생각을 한 적이 있다. 호기심이 많은 아이들의 이야기를 잘 들어주는 어른, 그것이 참 어른이다.

자타의 초월

정산 종사 말씀하시기를 「눈이 제 눈을 보지 못하고 거울이 제 자체를 비추지 못하듯이 중생은 아상에 가려 제 허물을 보지 못하고 남의 시비만 보나, 공부인은 자타를 초월하여 자기를 살피므로 자타의 시비를 바르게 아나니라.」

『정산종사법어』법훈편 21장

세상을 살아가면서 때로는 뒤도 돌아보고, 호흡을 멈추면서 자신의 내면을 바라다볼 필요가 있다. 참살이로 번역할 웰빙이 고귀한 가치가 된 시대요, 그래서 건강 문제는 누구를 만나도 주요 화제이다. 걷기에 대해 전문가에게 조언을 구했더니, 빠른 걸음과 보통 걸음보다 느린 걸음을 일정 기간씩 번갈아 걸어보라는 것이었다.

빠른 걸음에서 느린 걸음으로, 느린 걸음에서 빠른 걸음으로 바꾸어 보았더니, 재미가 있다. 사색의 내용과 깊이

도 달라지는 것을 경험하게 되었다.

비행기를 타고 높이 날아오르면 나를 안고 있던 도회지가 조그맣게 멀어질 때의 느낌은 특별하다. 조그맣게 멀어진 도회지와 1대 1이 되어, 자신도 모르게 객관적인 눈으로 도회지의 삶을 되돌아보게 된다. 방금 전까지 치열하게 살았던 자신의 모습이 마치 옛날이야기처럼 느껴질 때의 기분은 일상을 떠난다는 것이 무엇인가를 일러 준다. "만국 도성이 개미집 같다萬國都城如蟻垤"는 서산 대사西山大師 休靜, 1520~1604의 시상詩想을 실감하게 된다. 자타를 초월해서 자신을 살피는 공부인의 모습도 이와 같은 차원이 아닐까?

거울은 세상 온갖 것을 있는 그대로 비추면서도 제 자체의 모습은 비추지 못한다. 우리의 눈도 세상 만물을 보면서도 제 눈은 보지 못하는 것이 거울과 닮은 격이다. 밖으로 향해 있는 사람의 눈은 안을 들여다보기 어려운 구조이다. 이런 점에 착안하여 자신의 내면을 살피게 된다면 다른 차원을 갖게 된다.

우리의 생활에서 자존심을 갖는 것은 좋다. 그것은 자기의 정체성을 가지고, 다른 사람들에게도 그런 격, 그런 인격적인 수준을 유지해주니까 말이다. 그러나 자존심이 아니고 자만심을 가진다면 어떨까? 다른 사람을 하찮게 보고 함부로 행동하는 것, 그것이 아상我相이다.

원래 아상이란 '나라고 하는 실상이 있다, 실체로서의 자아自我가 있다는 망상妄想'을 가리킨다. 이 세상에 모든 것이 변하는데 자신의 존재가 영원하리라 생각하고, 자신이 가진 권력이나 재물이 영원하리라 생각한다면 집착이요, 그것이 아상이다. 『유마힐경維摩詰經』에서는 집착에서 오는 아상을 병病이라 하였다.

지나친 집착을 편집偏執이라 하는데 편집성이 강해지면 정신병이 된다. 놓는 연습이 그래서 중요하다. 원래 내 것이 아니었으니 놓아버리면 걸리고 막힐 것이 없다.

삶도 그런 것이 아니겠는가? 가까이 모시던 어른이 병을 앓다가 깊어져서, 원망을 벗고 자신의 처지를 알고 받아들이도록 하려고 병원에 입·퇴원을 반복한 적이 있다. 그 어른은 신앙도 깊고 마음공부가 잘 된 분이라고 생각했는데, '왜 내가 암에 걸려야 해?'라면서, 당신의 생에 대한 집착을 드러내는 것이었다.

어느 날 옆에 앉아 손을 잡았다. 조용히 입을 열었다. "병이 친구 하자고 하네요. 친구하고 잘 지내야 기분 좋게 다녀갈 것 아니겠어요. 누구나 병을 친구 삼아서 같이 가니까, 친구 대접 잘하면서 열심히 사세요." 그날 이후, 그 어른의 태도는 눈에 띄게 달라졌다. 마침 무통無痛이라 몇 달간을 즐겁게 살다가 친구랑 같이 떠났다.

자기 입장을 벗어난다는 것은 객관적인 차원을 유지한다는 말이다. 원근법을 말한 적이 있는데 눈앞에 처한 조그만 이익과 시비에 집착하지 않는다면 넓게 멀리, 그리고 바르게 보게 된다. 집착을 벗어나는 것 자체가 지혜이다.

복을 가져오는 말

> 정산 종사 말씀하시기를 「구시화문口是禍門이라 하거니와 실은 구시화복문口是禍福門이니, 잘못 쓰면 입이 화문이지마는 잘 쓰면 얼마나 복문이 되겠는가.」 『정산종사법어』법훈편 39장

구시화문이란 "입이 화를 가져오는 문"이라는 뜻이다. 속담에 '입이 방정'이라고 한다. 좋은 분위기의 모임인데 우연히 끼어들어 한마디 거들었다가 호의를 베풀어준 친구 입장이 난처하게 되었다면 그야말로 '구시화문'이다. '가만히 있었으면 중간이라도 갈 걸' 하고 생각해 봐도 이미 엎질러진 물이다.

몸과 입과 마음으로 짓는 바를 3업身口意 三業이라 한다. 입은 우리가 짓는 죄의 3분의 1을 담당하고 있는 셈이니 조심해야 할 일이다.

하지만 달리 생각해 보면 복을 짓는 것도 몸과 입과 마

음의 3업으로 이루는 일 아닌가? 구시화복문 곧 '입이 화와 복을 가져오는 문'이다.

도교道教 경전에 『태상감응편太上感應篇』이 있다. 민중에게 착한일善行을 널리 행하라고 가르치는 경전인데, 그 머리와 끝을 각각 이런 말로 장식하였다.

화복무문禍福無門　화와 복에 문이 없으니

유인소초唯人所招　오직 사람이 불러오는 바라.

제악막작諸惡莫作　모든 악을 짓지 말고

중선봉행衆善奉行　뭇 선을 받들어 행하라.

이는 불교의 과거칠불過去七佛, 곧 연등불에서 서가모니불까지의 모든 부처가 함께 전한 가르침通偈을 옮겨온 것이다.

악행은 화를 가져오고 선행은 복을 가져온다. 그러므로 지혜로운 사람이면 이를 가려 행할 줄 안다. 관상觀相을 보는 사람이 적지 않다. 좋은 상호를 가진 사람은 나쁜 상호 가진 사람보다 좋을 것이다. 아마 성형이 유행을 하는 것도 좋은 상호를 갖기 위한, 그야말로 몸부림인 셈이다.

그런데 이렇게 말한다. "수상手相보다는 관상이 낫고, 관상보다는 골상骨相이 나으며, 골상보다는 심상心相이 낫다"고

말이다. 얼굴이나 골격이 잘 생기면 좋겠지만 그 마음의 상
호가 어떠냐가 더 문제라는 말이다. 심상이 좋다는 것은 마
음을 곱게 쓰는 데서 가꾸어진 모양새를 말하므로 항상 복
을 불러들여 올 바탕이 된다.

　마음은 행으로 나타나니, 행동을 보면 나의 마음이 어
떤 모양인지 알게 된다. 그래서 곱상도 밉상도 오직 자신에
게 있다. 학생 가운데서 어떤 과목이 특별하게 우수한 경우
가 있다. 다른 과목보다 월등한 이유를 살펴보면 그 과목의
선생님이 마음에 들어서 열심히 공부하게 되었다는 답이 온
다. 마음에 들면 가까워지게 되는 법이다.

　어렸을 때 월남이 까마득하게 멀어 보였는데 두 형이
파병되고 나서 가깝게 느껴졌다. 지명도 베트남의 나트랑이
며 뚜이호아를 알게 되고 인사말도 익히게 되었다. 자기가
여행한 지역에 친밀감을 느끼는 것도 같은 원리일 것이다.

　우리가 짓는 업도 마찬가지이다. 『태상감응편』에서는
"선을 행하면 선신善神이 따르고, 악을 행하면 악신惡神이 따
른다."고 하였다. 언제나 미소가 떠나지 않는 얼굴에는 미
소가 그려지고, 짜증 내는 얼굴에는 짜증이 그려진다. 말을
곱게 쓰면 구업口業이 청정해지면서 마음도 얼굴도 그렇게
바뀌는 법이다. 고운 말, 정이 담긴 말 한마디가 주변을 밝

고 여유롭게 한다. 세상에 이 많은 사람이 섞여 사는데 과연 '화합이 큰 재주'이다.

요즈음은 복 짓기 쉬워졌다. 핸드폰이 널리 보급되어 있으니 고마운 분에게 전화를 걸어 마음에 묻어두었던 감사함을 전하면 된다. 그런 입이 복문이다. 좋은 인연 걸고 복 짓는 입말이다.

선근 배양

> 정산 종사 말씀하시기를 「주자朱子는 "가시나무는 쳐내도 다시 길어 나는데 지란芝蘭은 길러도 죽기 쉽다" 하였거니와, 우리가 선은 하기 어렵고 악은 범하기 쉽나니 악심은 처음 날 때 끊어 버리고 선심은 놓치지 말고 잘 배양하여 수 만생 불종佛種 선근이 뿌리 깊이 박히도록 힘을 쓰라.」
>
> 『정산종사법어』법훈편 49장

집에서 키우는 분재에 계절이 담긴다. 봄이 좀 빨리 와서 매화 철이 지나 산당화까지 지고, 노란 개나리가 피어 있다. 이제 철쭉, 영산홍을 볼 때가 가까워진다. 진달래 분이 하나 있는데 아주 토실토실하니 얼마 지나지 않아 옅은 연분홍빛 얼굴을 수줍은 듯 드러낼 것이다.

좋은 꽃을 보려면 곁 가지도 쳐 주어야 하지만 새순을 따 주는 일에 게을러서는 안 된다. 좋은 꽃을 피우려고 추운 겨울 영글어 둔 꽃망울이 통통하게 올라오는 모습을 보면서 자연의 신비에 탄성을 올리게 된다.

일본 음력을 헤아려 보면 오월을 '사츠키'라 부르고 있다. 영산홍이라는 말이다. 오월에는 그야말로 철쭉, 영산홍을 볼 생각을 하니 분재로 눈이 자주 간다. 영산홍에 붙어 있는 이름을 보면 '일광日光'·'월광月光'·'귀공자貴公子'·'입산월立山月' 등이 있다. 대부분 품종이 일본에서 개발되었다는 말이다. 좋은 품종개발에 정성을 더 들이면 좋겠다는 생각을 하고 있다.

그런데 분재에 나는 잡초를 보면 놀랍다. 조그마한 화분인데도 겨울을 지나면서 자란 잡초가 장난이 아니다. 뽑고 또 뽑아도 쉴 새 없이 움터온다. 어디서 오는지 종류도 다양한데 올해에는 냉이가 여기저기서 올라와서, 뽑아보니 향긋한 봄 내음이 풍긴다.

잡초는 난초 같은 화초보다 생명력이 더 강하다. 정성을 들여 가꾸는 난은 죽기가 쉬운데 쓸데가 없는 가시나무는 쳐내도 다시 자라난다. 귀한 가치를 지니고 가꾸어 가려는 선은 행하기 어렵고, 내키는 대로 행하면 저절러지는 악은 범하기 쉬운 것이 우리의 삶이라는 말이다.

공자의 유교 가르침을 받은 대표적인 인물 중에 맹자

와 순자가 있다. 맹자孟子, BC 372?~BC 289?에게 『맹자』라는 책이 있어 유교 경전의 사서四書로 주지하는 바처럼 성선설性善說을 주장하였다. 인간의 본성에는 악에 이르는 욕망도 존재하지만, 도덕적 요청으로 본성이 선善하다고 보고 왕도정치론王道政治論을 주장하고 있다.

같은 가르침을 받은 순자荀子, BC 298?~BC 238?가 있다. 그에게도 『순자荀子』라는 책이 있는데 인간의 성품을 악하다고 보아서 성악설性惡說을 주장하였다. 같은 가르침을 받고도 한쪽은 본성을 악하다고 보고, 한쪽은 선하다고 볼 수 있느냐고 물을 사람이 있을 것이다.

맹자가 BC 372년경에 태어났고 순자는 그보다 70년쯤 뒤인 BC 298년경에 태어났다. 그러므로 순자는 맹자를 잘 알고 있었다는 말이다. 두 사람 모두 맹자·순자라는 존칭을 붙이고 있으니 사람들로부터 존경을 받았다는 뜻이다. 순자가 성악설을 주장했다니까 인간을 악한 존재로 규정하는 것이 아닌가 의심하는 사람도 있을 것이다.

맹자의 성선설이 철학적인 입장에 서 있는 것이라면 순자의 성악설은 다분히 예치주의禮治主義에 서서 인간을 보고 있다. 순자는 인간에게는 본래 가지고 태어난 의욕이 있는데 이것을 악한 것이라 규정한다. 그리하여 선한 의의 활동,

다시 말해서 현실적인 합리적 인위주의를 주장한 것이다.

성선설의 입장에서나 성악설의 입장에서나 다 같이 선을 가꾸어내는데, 그 목적이 있다. 선이란 그렇게 고귀한 것이다. 그러니 난초를 가꾸듯 잘 가꾸어 선의 뿌리를 깊고 실답게 길러 나가야 한다. 선한 마음으로 복 짓는 하루 그것이 실다운 일이다.

보은행

정산 종사 말씀하시기를 「범부들은 작은 은혜와 처음 주는 은혜는 느낄 줄 아나 큰 은혜와 계속되는 은혜는 잘 모르나니, 근본적 큰 은혜를 잘 알아야 참다운 보은행을 하게 되느니라.」

『정산종사법어』법훈편 58장

철든다는 말이 있다. 철을 안다고도 한다. 꽃피고 새가 우는 따뜻한 봄이 가고 더운 여름이 오면 모두가 시원한 옷으로 갈아입는다. 철을 알기 때문이다. 가을이 지나고 폭풍우 몰아치는 겨울이 되었는데도 철을 모르고 여름옷을 입고 다닌다면 정상적인 생활은 어려워진다. 이런 사람을 철모르는 사람이라고 한다.

사람이 나이가 차서 철이 들 때가 되었는데 여전히 세상 물정을 모른다면 어떻게 되겠는가? 철이 드는 모습에는 여러 가지가 있겠지만, 단적으로 '은혜를 알고 행하는 데'서

드러난다. 보은행報恩行이 바로 그것이다.

은恩이라는 한자 말을 나누어 보면 '인할 인因에 마음 심心'자가 붙어 있다. 인연 짓는 마음이니 관계성의 파악이다. 나라는 존재가 세상에 몸을 유지하고 사는 것은 다만 내가 잘나서가 아니고 무수한 인연들의 도움을 받아서이다.

하늘과 땅이 있어 이 몸을 의탁하고 살게 되니 이것이 천지은天地恩이요, 아버지와 어머니로부터 이 몸을 받았으니 부모은父母恩이다. 모든 존재와 직업이 있어 삶의 에너지를 공급받아 이 몸을 유지하니 동포은同胞恩이요, 세상 만물과 생활제도가 갖추어져 바른 도리로 이 몸을 살리니 법률은法律恩이다.

없어서는 살 수 없는 관계, 그것이 은이다. 이 생명의 자각을 할 때 인간은 한결 커지게 된다. 생명이 경각에 달렸을 때 구원의 손길을 내밀어주어 구사일생 목숨을 건지게 되면 그 사람을 일러 생명의 은인이라고 한다. 생명의 은인은 자기 목숨과 같으니 감사함이 지극하다.

생활 속에서 '감사'하며 사는 일이 보은행이다. 그런데 범부, 이른바 보통사람은 작은 친절에는 감사할 줄 알면서 큰 은혜는 모르기 쉽다. 엘리베이터 문을 붙잡아 준다든지, 신문을 주워 준다든지, 작은 친절에는 감사하는 마음을 낸다. 그러나 친절한 분위기를 계속 유지하면 은혜를 잊어버리게 되는 것이 보통사람이다.

부모가 살아 있을 때는 응석만 부리면서 마음의 안정이나 육신의 안락을 드리려고 하지 않는다. 그러다가 부모가 돌아가신 다음, 자녀들을 기르다 보면 새록새록 부모은을 알게 되고 방울방울 눈물을 흘리곤 한다. 철이 드는 것은 좋지만 일찍 들면 감사생활에 도움이 된다.

큰 은혜, 근본적인 은혜를 아는 사람을 중히 여기는 이유가 있다. 가장 큰 은혜는 나를 존재케 하는 근거根據와 조건條件이다. 이 은혜를 깨닫고 감사생활을 하면 그것이 보은행이다.

높은 산에 올라가면 목이 마르고 숨이 가빠진다. 이렇게 숨쉬기가 어려울 때 물과 공기의 고마움이 절실해지는 것은 생명을 가진 관계가 느껴지기 때문이 아닐까? 생각해 보면 물과 공기가 없으면 우리는 하나뿐인 이 몸을 유지할 수가 없게 된다. 몸이 있어야 시간과 공간이 교차하는 역사세계歷史世界에서 기쁨도 느끼고 괴로움도 당하고, 좌절과 희열을 같이 맛보게 된다. 세상 사람들과 어울려 사는 가운데 오는 아픔과 괴로움까지도 삶의 징표이다. 삶의 가치가 거기에 있다. 그래서 삶은 은혜로운 것이다.

최상의 공덕

정산종사 말씀하시기를 「세상에서 몰라준다고 한하지 말라. 진리는 공정한지라 쌓은 공이 무공無功으로 돌아가지 않으며, 같은 덕이라도 음덕陰德과 무념無念의 덕이 최상의 공덕이 되느니라.」

『정산종사법어』법훈편 67장

아는 사람이 아무도 없는 곳에서 살아본 적 있는가? 물론 외국 등에 장거리 여행을 한 사람은 그런 경험이 있을 것이다. 일상생활에서 나를 알아주는 사람이 전혀 없다면 고달픔은 훨씬 커진다. 외로움도 병이 된다.

신라시대에 인도로 구법求法여행을 간 혜초慧超, 704~787. 다섯 천축국을 헤매면서 적은 『왕오천축국전往五天竺國傳』에는 이국異國에 사는 절실함이 잘 묻어난다. 그는 노래한다.

내 마음 동쪽 끝 계림을 꿈꾸는데,

수행자의 구법 구도는 명예나 이욕을 떠난 길이다. 삶과 죽음을 넘어서서 보는 세상은 어떨까? 이름도 모를 세상을 떠돌면서 가도 가도 끝이 없는 모진 모래바람 속에 자신을 맡겨 보기도 하고, 이국의 사람들을 만나 배운 인사말로 정을 건네 보기도 한다. 수려한 산천 속에 자신도 환경도 잊고 산천과 하나가 된다. 그 가운데 물맛같이 더할 것도 덜할 것도 없는 실상實相의 세계가 눈에 들어온다.

언어 가운데 경험에 바탕을 둔 소리, 깨우친 소리, 진리의 소리가 크고 웅장하다. 나를 일깨워 우치愚癡함을 벗어나는 소리, 세상에 희망을 심고 보람을 가꾸는 소리가 좋은 소리이다. '세상이 나를 몰라준다'고 한탄하고 원망하는 소리가 아니다. 더불어 살면서 '감사합니다'를 외치는 소리가 아름다운 소리이다.

지혜로운 눈으로 세상을 보면 자신이 지은 바가 자신에게 돌아오는 이치가 확연하다. 항상 짜증 내고 원망하고 불평하는 사람은 환경이 그렇게 바뀐다. 반대로 주어진 여건을 감사하게 받아들이면서 즐겁게 열심히 일하면 밝은 환경으로 바뀐다. 자신의 삶을 진행형으로 파악하면서 역동적으로 살아갈 필요가 있다. 환경이 그렇게 바뀌니까 말이다.

옛날 어머니들의 삶을 들여다보면 "귀머거리 3년, 벙어리 3년, 봉사 3년"이라고 한다. 처음 시집살이에 들어가면 층층시하에, 어느 것 하나 눈에 익은 것이 없다. 그런데 각오하고 여러 해를 말없이 살면서 그 집안 법도를 익힌다. 그리고 자녀들을 낳고 길러가다 보면 자기도 모르게 안주인으로 자리하게 된다. 시집살이로 불리는 인고忍苦의 세월을 몸소 경험했기 때문에 어머니는 존재하는 것만으로도 권위가 따르게 된다. 사실 어머니의 생각이나 행동은 자신을 위한 것이 하나도 없다. 그저 가족을 생각하고 자녀들을 걱정하는 그 모습에 집안의 모든 것이 녹아난다. 만약 어머니가 자기 자신만을 위하면서 입만 열면 서럽게 산 시집살이를 원망한다면 그러한 권위가 따르겠는가?

인과보응因果報應의 진리는 공정해서 지은 바대로 쌓이고 나타난다. 시장통에서 여러 사람 틈에 부대끼면서도 열심히 장사하면서 쌓은 신용이 어디 가겠는가? 넓고 근사하지는 않지만 한결같은 정성으로 음식 맛을 내는 할매집은 선전하지 않아도 손님이 항상 넘친다. 같은 덕이라도 음덕이 더 깊다. 계교가 없는 무념의 덕은 천지자연의 이치처럼 자연스럽다. 그것이 최상의 공덕이다.

용맹의 세 가지

정산 종사 말씀하시기를 「용맹에 세 가지가 있나니, 일의 선후를 알지 못하고 완력만 주장하는 것은 만용蠻勇이요, 정의를 세우기 위하여 불의를 치는 것은 의용義勇이요, 외유내강으로 정당한 뜻을 굽히지 않고 꾸준히 정진하는 것은 도용道勇이니라.」

『정산종사법어』 법훈편 68장

용감한 사람이 많다. 비굴한 사람도 섞여 있다. 목소리를 높여 정의를 주장하다가도 정작 자기 일이 관련되면 금방 말이 달라져서 비굴해지는 사람을 본 적이 있을 것이다. 자기 이익을 위해 주장해오던 논리를 스스로 뒤집으며 목소리를 높이는 그런 사람이 있다.

비굴한 사람보다 용감한 사람이 좋다. 자기 몸을 돌보지 않고 친구를 위해 과감하게 뛰어드는 용감한 친구는 좋은 친구이다. 그러나 용맹에도 차원이 있다. 만용과 의용과 도용, 이 세 가지 차원을 생각해 본다.

젊은이들 사이에는 왕성한 혈기 때문에 언어와 행동이 거칠어지기 쉽다. 시비是非가 붙기도 하고 다툼이 따르기도 한다.

점잖은 사람들이 만나서 잠깐의 오해를 푸는 자리가 마련되었다. 그런데 전후의 전말도 모르는 친구가 불쑥 끼어들어 욕을 하면서 휘젓고 달려드니 분위기가 어떻게 되었을까? 우리 속담에 "흥정은 붙이고 싸움은 말리라" 했는데 그 친구가 끼어들어 분위기를 망친다면 환영받기는 어렵다. 자신은 용감하다고 하면서 어딜 가든지 이른바 '깽판'을 놓고 다닌다면 그걸 일러 '만용'이라고 한다.

몇 년 전 일본에서 한국인 유학생 이수현 씨가 교통사고를 당해 목숨을 잃었다. 도쿄의 지하철역에서 철로에 떨어진 사람을 구하고 대신 차에 치여 아까운 젊음을 산화한 것이다. 그 일로 신문 방송을 비롯해 애도하고 감동하는 물결이 이른바 한류열풍韓流熱風에 정신적 차원을 불어넣게 되었다.

사진 속의 이수현 씨는 빼어난 미남자였다. 좋은 집안에서 법도 있게 자라 명문대학을 졸업하였다. 그리고 유학을 갔으니 장래가 보장된 청년이었던 셈이다.

사실 일본에서는 개인주의가 발달하여 이수현 씨 같이 의용을 실천하는 분위기가 별로 없다. 주위에 친절하면서도 관계를 맺지 않는 묘한 분위기가 사회 전반에 깔려있다. 주위에 친절히 해둠으로써 '사생활에 간섭받고 싶지 않다'는 뜻으로 이해한다면 과민 반응일까? 오랜 유학생활 속에서 그러한 분위기를 저절로 느끼게 되었다.

그런 가운데 이수현 씨의 의로운 죽음이 있었으니, 애도 그 이전에 감동의 물결이 넘쳤다. 정치권이나 교육계를 비롯하여 일본 사회를 개조하는 계기로 삼자는 분위기가 고조된 것이다. 영화가 만들어지고, 캐릭터가 개발되고 있다.

그래서 몇 년이 지난 올해도 그 의용에 대한 감사와 애도의 물결이 더욱 강해지는 것을 본다. 진정 의로운 한국인이요, 그 의로움 위에 양국의 우의가 깊어질 것으로 기대하게 된다.

용맹 가운데 수도인들의 도용은 위인들의 전기 속에서 흔히 등장한다. 『임진록』 속에 나타나는 사명四溟, 惟政 1544~1610 대사 같은 인물 말이다. 세상이 복잡하고 어려운 일이 많을수록 그런 지도자가 많이 존재해야 하지 않겠는가? 외유내강의 도인들, 그런 도인이 많이 존재하는 건강한 우리 사회를 염원한다.

공경의 길

정산 종사 말씀하시기를 「남을 해하면 해가 나에게 돌아오나니 곧 자기가 자기를 해하는 것이 되며, 남을 공경하고 높이면 이것이 또한 나에게 돌아오나니 곧 자기가 자기를 공경하고 높임이 되느니라.」　『정산종사법어』 원리편 49장

'근묵자흑近墨者黑'이라는 말이 있다. "먹을 가까이하는 사람은 검어진다."는 뜻이다. 먹을 가까이하는 것은 좋은 습관이요, 그 습관은 검정이 묻는 것만 보아도 알 수 있다는 말이다.

습관은 형성되기에 따라서 사뭇 달라진다. 몸은 편한 것, 수월스러운 것을 원한다. 그래서 몸이 원하는 대로 맡겨두면 게으른 사람, 이기적인 사람, 창의력이 없는 사람이 되기 쉽다. 의욕을 가지고, 배우기 위해 항상 가슴을 열고 살면 창의적인 사람으로 바뀐다.

어린 시절 영어 선생님이 시간마다 외우게 한 문장이 있다. 'Boys be ambitious!', "젊은이여, 야망을 품어라!"는 뜻이다. 몇십 년이 지난 오늘에도 잊히지 않으니 소유권을 등기한 셈이다. 원대한 희망을 품고 미래를 내다보는 박력 있는 인간이 얼마나 좋은 것인가를 생각했었다. 그런데 나이가 들면서 정신이 열려 있는 사람, 창조적 지성을 가진 사람으로 그 바람이 바뀌어 가고 있다.

참회를 통해 새 사람으로 거듭나는 분을 종종 마주하게 된다. 경험이 그런 큰 인물을 만들었을 것이다. 생각해보면 지금 새로운 인물이 된 사람이나 옛날의 흉악범이나 같은 사람인데 말이다. 한마음 돌리면 전혀 다른 사람으로 거듭나게 되는 원리가 거기에 있었다. 그래서 예로부터 선인들이 "그 사람을 미워하지 말고, 그 행위를 미워하라."고 일러 준 것이리라.

남을 해하면 그 해가 나에게 돌아온다는 것은 진리이다. 어떤 친구를 욕하면서 다른 친구들로부터 고립시키려고 해 보라. 친구들은 그 친구가 아니라 나를 고립시키려고 할 것이다. 이런 원리를 알고 남을 공경함으로써 자신도 정중한 대접을 받는 사람을 일러 지성인이라 한다.

인도의 아쇼카 왕은 기원전 280년경에 마우리아 왕조

의 임금이었다. 전 인도를 통일한 위대한 왕으로 칭송되는 인물이다. 국토를 통일하기 위해 처절한 싸움을 계속하면서 몸서리칠 살육을 자행하던 그는 큰 깨달음을 얻고 불교에 귀의하면서, 모든 전쟁 어떠한 이유의 전쟁도 하지 않겠다고 선언한다.

그러면서 마음으로 우러나는 귀의, 법에 의한 승리가 진정한 승리임을 깨닫고 종교에 관해서 이렇게 선포한다.

> 자신의 종교를 선전하고자 하거든 남의 종교를 먼저 찬탄하라. 남의 종교를 선전하면 자신의 종교가 그만큼 넉넉한 종교가 되리니, 남의 종교를 찬탄하고 참여하라!

이러한 내용을 석주에 새겨 오늘날까지 전하고 있다. 이른바 아쇼카 왕 칙문勅文이 그것이다.

그로부터 2천 3백 년이 지난 오늘, 현대를 사는 우리들은 어떻게 살고 있는가? 세상을 구제하겠다고 하는 오늘의 종교들이 어떤 윤리를 가지고 있는가를 생각하면 반성하지 않을 수 없다. 과연 인간의 지성은 점점 열리고, 높아지는 것일까 되돌아보게 된다.

개인의 삶에 있어서나 종교와 같은 사회를 이끌어나가

는 가르침에 있어서나 좋은 습관을 길들여 나가는 것은 좋
은 일이다. 그래야 사회가 철들기 때문이다.

좋은 인연과 낮은 인연

정산 종사 말씀하시기를 「인연에는 좋은 인연과 낮은 인연이 있나니, 좋은 인연은 나의 전로를 열어주고 향상심과 각성을 주는 인연이요, 낮은 인연은 나의 전로를 막고 나태심과 타락심을 조장하며 선연을 이간하는 인연이니라.」

『정산종사법어』 원리편 55장

사람이 부모를 인연해서 태어나는 것처럼 세상을 살아가면서 여러 사람과 가지가지의 인연을 맺는다. 일과 이치가 인연으로 이루어지듯, 사람도 인연 속에 났다가 인연 속에 가고 있다.

그러한 인연에는 좋은 인연도 있고 낮은 인연도 있다. 좋은 인연은 앞길이 트이는 인연이고, 낮은 인연은 앞길을 막는 인연이다. 공부하는 사람, 인격이 높은 사람과 인연을 지으면 공부하는 분위기, 인격을 도야하는 분위기를 마련해

가게 된다. 물론 그러한 인연을 맺으려면 나의 노력이 전제
된다.

영화 'JSA'를 촬영한 금강하구 갈대밭을 찾았다. 익산에
서 웅포대교를 건너면 충남 서천이 나오는데, 그곳에서 왼
쪽으로 접어 10분쯤 달리면 신성리 갈대밭에 이르게 된다.
요즈음은 불을 놓아 갈대밭이 모두 타버렸다. 그런데도 운
치가 느껴진다. 그곳에 명언 명구와 '소월의 시' 같은 글을
적은 시목詩木이 늘어서 있다.

그중에서 눈길 끄는 글귀가 있다.

압권이라 할만하다. 해장술을 마신다면 밤새도록 술타
령을 했다는 말이 될 것이다. 그리고 노름꾼이 본전을 생각
한다면 노름에서 벗어날 수 있겠는가? 아무리 좋아하는 기
호嗜好라 하더라도 정도가 있는 법이다. 서로의 향상을 막고
나태심과 타락심을 조장하는 것은 삼가야 할 일이다.

신성리 갈대밭에는 또 이런 글귀가 보인다.

강심사상류 江深砂上流

산이 높되 소나무 아래 서 있고

강이 깊되 모래 위를 흐른다.

뒤 구절의 원래는 '수심水深' 곧 '물이 깊되'를 분위기에 맞추어 바꾸어 놓고 있다.

자기를 아는 사람은 아무리 영광스러운 자리가 오더라도 겸손을 잃지 않는다. 그리고 어려운 일이 닥쳐도 자기를 꺾지 않는 법이다. 산 높은 줄은 알면서 산 위에 소나무가 더 높이 존재한다는 것을 잊기 쉽다. 또한, 물이 깊은 줄은 알지만, 그 물이 모래 위를 흐른다는 생각은 하기가 어렵다.

학생 중에 이른바 CC를 본다. 캠퍼스커플 말이다. 평소 공부에 성의를 갖지 않던 학생이 CC가 되고 나서는 학교생활이 매우 충실해지면서 성적도 올라가는 경우가 있다. 바람직하다.

반대로 평소에 성실하던 학생이 CC를 맺고 나서 점차 학교생활에 절도가 없어지는 경우도 있다. 성적도 떨어지고, 학생들로부터 점점 소외되다가 마침내는 학업을 중단하고 만다. 그렇게 되면 지도의 손길을 미쳐도 성공하기가 어렵다. 그 가운데 학부모와 연결을 취하면서 오래 공을 들여 제자리로 돌아온 학생은 확실히 성장하는 것도 사실이다.

같은 사람인데도 서로 인연이 되어 발전해야지, 퇴보하고 타락하면 되겠는가? 특히 젊은 시절 한참 배우고 인격적으로 자신을 성숙시킬 때 낮은 인연을 맺는다면 안타까운 일이다.

마음 병

정산 종사, 요양하는 시자에게 편지하시기를 「사람이 육신이 병들지언정 근본 마음은 병이 없나니, 그 병듦이 없는 마음으로써 육신을 치료하면 육신이 따라서 건강을 얻을 수 있나니, 거기에 공부하기를 간절히 부탁하는 바이다.」

『정산종사법어』 응기편 59장

웰빙Well being이라는 말이 있다. 참살이라는 말이다. 강연 등의 학습에서부터 환경 만들기에 이르기까지 웰빙은 우리 생활의 대표적인 주제어가 되어 있다. 서점가에 가 보아도 '웰빙'·'참살이'를 표제로 한 책이 가득하게 널려 있다.

어떤 것이 참다운 참살이일까? 많은 사람이 '몸도 마음도 건강하게 사는 것'이라고 답한다. 건강이 우리 생활에서 가장 중요한 가치가 되었다. 과연 많은 사람이 건강을 위해서 자연 친화적인 환경을 가꾸기에 여념이 없다.

황토방을 만들고, 유기농 먹거리를 찾고, 요가와 등산을 한다. 건강 TV를 보며, 먹는 물과 의복에 이르기까지 이것저것 따져가면서 선택하고 있다. 경제전문가의 이야기로는 오늘날 웰빙산업의 규모는 상상하기 어려울 정도로 크고 넓다고 한다. 그리고 그 규모는 점차 확대될 것이라고 한다.

웰빙이나 건강문제가 중요한 사회적 가치가 되었다. 이것은 우리 사회가 평화롭다는 뜻이기도 하다. 우리가 살아온 20세기는 크고 작은 싸움이 계속되는 가운데, 세계대전을 두 번이나 겪었다. 아직도 국제적인 전쟁이 계속되고 있지만, 사람들이 원하는 것은 전쟁이 아니라 평화요, 통제가 아니라 자유이다.

이런 현상을 두고 인류가 철든다고 할 수 있을 것이다. 미움도 원망도 벗어 싸움을 그치고, 참살이로 나가는 길이 철드는 길이다. 다만 자기 혼자 건강하고, 자기 나라의 평화를 지키려고 이웃 나라를 공격하는 그런 욕심이 아니다. 서로 잘살게 도와주고 더불어 잘살아야 참살이라 할 수 있다.

더불어 사는 세상이 하나의 세상이다. 이 하나 된 세상을 위해서 세계의 지성들이 머리를 마주하고 지혜를 모으는 일이 잦아졌다. 보편윤리를 위한 모임, 공동선共同善을 위한 모임, 평화를 위한 모임 등이 그러하다. 문명의 충돌이 종교적인 갈등을 불러오지 않도록 하는 노력이 경주되고 있다. 사실 세계평화를 가져오는 데는 강국들의 자각이 무엇보다 중요하고, 개인의 참살이는 건강할 때 그것을 지키는 것이 요점이다.

건강할 때 그것을 지키는 노력은 나빠졌을 때 회복하는 것보다는 훨씬 수월한 일이다. 요즈음은 사무실에서 일하는 사람이 많아진데다 건강이 주요관심사가 되니 담배를 끊는 사람이 많아졌다. 좋은 일이다. 자가용 시대가 되니 술 취해 다니는 사람도 보기 어려워졌다. 사람이 환경을 바꾸고 환경이 사람을 바꾸는 원리를 여기에서 보게 된다.

몸이나 마음이나 건강한 삶이 좋은 삶이다. 어진 이들은 말한다.

돈을 잃으면 인생의 한 부분을 잃고,

친구를 잃으면 인생의 반을 잃고,

건강을 잃으면 인생의 전부를 잃는다.

그런데 건강이 나빠졌을 때는 어떻게 해야 할까? 누구나 병에 걸릴 수 있고 건강은 나빠질 수 있는데 어떤 자세로 병을 치료해야 할까? 답은 '마음'이다. 마음은 원래 형체가 없는 것이라서 병들고 물들고 할 것이 없다. 원래 청정한 이 마음, 건강한 마음으로 육신의 병을 치료해 가자는 것이다. 크고 작은 병으로 고통받는 여러분이 건강한 마음으로 열심히 치료하여 쾌유하시도록 기원한다. 웰빙은 참살이하는 우리 마음에서부터 비롯된다.

근본과 지말

> 정산 종사 말씀하시기를 「무엇이나 근본에 힘써야 끝이 잘 다스려지나니, 육근의 근본은 마음이요 마음의 근본은 성품이며, 처세의 근본은 신용이요 권리 명예 이욕 등은 그 끝이니라.」
>
> 『정산종사법어』무본편 1장

근본을 다스리기에 힘쓰는 일은 원리에 바탕을 두어 일을 처리하는 자세이다. 수학 문제를 풀 때 공식을 대입한다. 공식은 원리에 바탕을 둬 이루어진 지남이니까 바르다.

도로를 개설할 때 미국에서는 파헤쳐 만든 도로를 몇 년간이고 놓아두었다가 포장을 한다. 도로를 개설하는 것은 필요 때문에 이루어지는 일이지만 자연상태로 놓아두면 자연상태를 회복하는 원리를 알고 하는 일이다. 집을 지을 때 일본에서는 도로를 먼저 개설하여 포장하고 건축에 착수하는 것도 같은 원리일 것이다.

어제 손끝이 저리고 아픈 사람이 있어 데리고 한의원에 갔더니 목 주위를 집중적으로 치료하고 다스려주었다. 손끝에는 침하나 놓지 않았는데도 거뜬해져서 안심하는 것이었다.

어렸을 적에 형들을 따라 바다에 소라잡이를 다닌 적이 있다. 그물과 물포를 끌고 접고 하는 일이 잦은데, 그 무거운 도구를 형들은 힘들지 않게 다뤘다. 어눌한 나의 동작을 보던 작은 형은 원리를 자세하게 일러주면서 다른 사람이 하는 것을 잘 보라고 했다.

그로부터 요령을 얻게 되었다. 아무 곳이나 잡는 것이 아니라 근본이 되는 곳, 강령이 되는 곳을 드는 것이 맥 이었다. 동아줄 같이 의지해서 그물을 엮은 곳이나, 물포를 끄는 줄 같은 것을 잡아들면 모두가 수월스럽게 따라오는 원리를 안 것이다. 유가儒家에서 삼강령이니 하는 강령은 이 근본을 다스리는 줄기를 말해준다. 세상일이나 사람을 거느리는 일도 이와 다르지 않을 것이다.

이런 동화가 있다. 아버지가 죽으면서 포도밭에 보물을 묻어 두었다고 유언을 한다. 자식들이 밭에 나가 구석구석을 파고 또 팠으나, 보물은 나오지 않았다. 그런데 가을이 되자 포도가 예년과 다르게 주렁주렁 열렸고 그제야 자식들은 아버지 유언의 참뜻을 알게 되었다.

우리의 몸과 마음은 어떤가? 몸을 다스리는 것이 마음이니 마음이 근본이고 몸이 이를 따르는 것이다. 마음을 잘 쓰면 몸도 이를 따르게 된다. 그런데 마음은 우리의 환경과 관련해서 나타나는 단계를 말한다면, 그 근본은 성품이요, 그 성품 자리에 가면 보통사람이나 성인이 한결같은 것처럼, 선도 악도 없는 절대 자리가 된다.

그렇다면 육체적인 삶에 있어서 근본은 무엇일까? 생활 환경 속에 나타나는 것은 권리나 명예나 이욕利慾 같은 것이다. 권리나 명예 그리고 이욕을 쫓다가 보면 그것들이 얻어지기는커녕 패가망신을 면하기 어렵게 된다. 근본을 따르고 근본에 힘써야지 지말枝末을 따르고 지말에 힘써서는 안 된다는 말이다.

많은 사람 가운데서 권리와 명예, 이욕을 쫓으면서 이를 얻기 위해 수단 방법을 가리지 않는 사람을 누가 좋아하겠는가? 신용을 쌓으면 권리와 명예, 이욕이 저절로 따르게 되고, 그럴 때 신용도 지키게 된다. 근본을 다스리면 지말은 저절로 따라 오는 원리가 있다.

보화당 한의원에 가면 '상商의 도를 실천하라'는 법문이 걸려 있다. 환자에게 믿음을 주고, 신용을 쌓아가라는 법문이다.

인화하는 기술

대형 극장에서 오케스트라 연주를 관람한 적이 있다.
객석에 수많은 관중이 들어차 입추의 여지 없이, 후끈 열기
가 달아오르고 있었다. 막이 오르자 무대가 그야말로 장관
이다. 각종 악기가 샹들리에처럼 빛을 발하는데 연주자들의
의상이며, 늘어선 합창단원들의 무대를 장엄하고 있는 것
이, 저절로 탄성을 자아내게 하였다.

흰옷을 입은 성악가가 무대 중앙에 서 있었다. 온통 함
박눈 같다고나 할까, 흰옷이 그처럼 화려한 것인 줄을 그때
처음 알게 되었다. 드디어 조명은 지휘자에게 모이고, 우레

같은 박수 속에 인사를 마친다. 그리고 지휘봉이 위로 솟는 순간 무대며 객석의 모든 눈이 그 한 점에 모였다. 그리고는 한순간에 장중한 곡이 큰 극장을 송두리째 삼키는 것 같은 느낌을 받았다.

음악에 조예가 없는 터라 연주되는 곡목을 미리 찾아, 관련 서적을 뒤적이며 노트에 적고 주위에 물어보고 하면서 감상법을 익혔는데, 남는 것은 지휘자의 동작이었다. 작은 몸짓이 뿜어내는 그 힘에 압도되었다. 온갖 조화를 부리는 한 사람의 힘, 그것은 커다란 리더십 같은 것으로 마음속에 오래 남아 있다.

새해를 맞이하면서 원불교 경산 종법사耕山 張應哲 宗法師는 화합에 관한 법문을 내려주었다.

화합和合이 큰 재주라

각각으로 흩어진 기운을 하나로 합하는 기술은 오케스트라의 연주자처럼, 최고의 기술이요, 예술이다. 오늘날 우리 사회가 처한 상황을 보면 그야말로 화합이 중요한 시기이다.

한미 양국 간에 진행된 FTA(자유무역협정) 문제에서부터

북한 핵과 관련한 6자회담 같은 이슈까지 협상력, 화합의 힘이 얼마나 중요한가를 실감한다. 이 밖에도 우리 사회가 안고 있는, 그래서 뜻있는 사람들이 머리를 모아야 하는 문제가 많다.

쉽게 양극화 문제 하나만을 들더라도 생산에 초점을 맞추자는 의견과 분배에 우선을 두어야 한다는 의견으로 나뉜다. 진보와 보수, 빈과 부의 문제, 노와 사의 갈등, 중앙과 지역 그리고 지역 간의 격차 현상 등 문제가 얼마든지 있다.

많은 문제가 드러나고 갈등한다는 것은, 어떻게 보면, 우리 사회가 생동하고 있다는 증거이기도 하다. 중요한 것은 이들에 대한 해법을 제시할 인재에 있다. 사람들을 화합시키면서 사회발전을 이끌어나갈 인재들을 키워나가는 일 말이다.

민족의 비원悲願인 남북통일문제가 있다. 6자회담도 이와 무관하지 않을 것이다. 정산 종사는 『건국론建國論』에서 건국의 기본이념으로 자주·평화·민족대단결을 제시하고 있다. 중요한 것은 남북의 화합에 의해서만 가능하다는 것이다. 또다시 이 땅에 전쟁이 일어나서도 안 되며, 외세에 의해 자국민들이 편 가르는 일을 해서는 안 된다. 평화가 바탕이 되어야 민생이며, 국가발전이 가능하다.

　사람을 화합하게 하는 가운데 모든 기술이 총섭되어 있다. 사회가 발전하면서 이러한 원리는 더욱 극명해진다. 물론 오케스트라 연주자가 하모니를 끌어 내어 훌륭한 곡을 연주할 수 있는 것은 구성원 모두가 그 정도의 수준이 되어야 가능하다. 모두가 인화하는 기술자로 거듭나기를 다짐해 본다.

학술의 바른 바탕

정산 종사 말씀하시기를 「진화의 근본은 교육이요, 교육 가운데는 정신교육이 근본이 되나니, 학문이나 기술은 발전에 필요하기는 하나, 진실과 공심의 정신 위에 갖추어진 학문과 기술이라야 세상에 이익 주는 학술이 되느니라.」

『정산종사법어』 무본편 7장

인농人農이라는 말이 있다. 사람농사이다. 교육을 백년대계百年大計라 한다. 100년 후의 이 국가사회를 이끌어갈 방책을 마련하는 데는 교육이 우선이라는 말이다. 과연 농사 중에는 사람농사가 으뜸이다.

인농의 현장을 본 적이 있다. 전북 부안 국립변산공원이 있는 곳, 새만금 간척지 부근으로 전통 인심이 잘 살아있는 곳이다. 그곳 어떤 집안에 고문서가 있다고 해서 찾아간 적이 있다. 아직도 전통가옥이 이렇게 보존되고 있다고 하는 다행감이 있었다.

조상 대대로 간직해 온 묵은 자료들이 가득하였다. 조정에서 내린 교지며 이름을 알만한 분들의 유묵遺墨 작품이며 진귀한 것들을 많이 볼 수 있었다. 또 족보를 살피는 재미가 있다. 제대로 갖추어진 '족보'도 있고, '대동보大同譜'나 '가승家乘'으로 불리는 파보 같은 것도 있는데 이들을 살피다 보면 집안 이야기가 자연스럽게 꽃을 피운다.

그런데 그 어른 선대에서부터 학교 교육에 각별히 신경을 썼던 모양이다. 자기 자녀만이 아니라 조카들까지도 모두 가르치다 보니까 하나같이 사회에서 행세를 하고 지내는 처지가 되었다. 자기 대에 이르러서도 가풍은 계속되어서, 대소사 간에 울력하고 부조하는 재종 삼종 간의 모습이 마치 친형제같이 화목하였다.

이것이 교육의 참모습이로구나 하는 느낌이었다. 그 집안의 교육은 물론 기술교육만은 아니었다. 명절 같은 때 모이면 뿌리를 찾고, 합동제사를 지내고, 커가는 학생들을 상담해준다고 하니 잘되는 집안이다.

한 가지 특징이 있었다. 스승을 모시는 분위기였다. 그분은 원불교 원로원에 계시는 어른 한 분을 받드는데, 표현하기 어려울 정도로 극진하다. 알고 보니까 부친이 존경하던 어른이었단다. 부친의 스승을 대를 이어 받드는 모습에서 그 집안 교육의 기반을 짐작할 수 있었다.

아는 것이 힘이요 배워야 산다. 이 사회의 발전은 교육을 통해서 이루어진다. 그래서 교육 기조는 튼튼해야 하고 쉽게 흔들려서는 안 된다. 정신교육, 도덕교육이 바탕이 되지 않으면 자칫 교육이 이기적으로 흐르기 쉽다.

학문이나 기술은 사회발전에 절대로 필요하다. 그러나 그 사회는 정의로워야 하고 건전해야 한다. 남다른 지식을 가진 사람이 자기의 이익을 위해서 가진 지식을 동원한다면 어떻게 되겠는가? 더불어 사는 공평한 사회, 상식이 통하는 사회, 그 가운데 인정이 흐르며 화합하는 사회가 우리가 바라는 사회이다.

개인적으로 볼 때도 사회의 계층이동을 하는 데 있어서 교육만 한 것이 없다. 대학을 졸업하면서 이른바 의사·검사·약사·건축사·회계사 하는 '사師, 士'를 붙이면, 사회활동의 출발선이 달라진다. 계층사회에 있어서 상위계층으로 출발하게 되는 것이다. 그런 자격은 교육을 통해 이루어지지만, 그것만으로 사회적으로 성공하고 존경받는 것은 아니다. 대중을 유익 주는 삶을 해나갈 때 존경이 따른다. 정신교육이 학문과 기술의 바탕이 되어야 하는 이유가 여기에 있다.

인격의 기준

많은 사람과 어울리다 보면 성품이 맑고 고운 분, 행실이 바르고 곧은 인물들을 자주 만나게 된다. 그 사람이 갖춘 인격인데도 대하는 기분이 좋다. 이웃종교의 수도인들, 성직자들과 20여 년 간 '종교인의 대화모임'을 꾸려 오면서 연구회를 같이 해오고 있다. 다들 심성이 그렇게 맑을 수가 없다.

신부님도 있고 성균관 어른과 스님도 있고 목사님, 그리고 수녀님도 참여한다. 3개월에 한 번씩 만나서 『침묵의 봄』도 읽고, 『한국 천주교 박해사』며, 『선불교와 그리스도교의 대화』등 아마 20여 종의 교재를 읽고 토론해왔다.

천주교 사랑의 씨튼수녀원에서 운영하는 씨튼연구원에 멤버가 모이면 웃음꽃이 떠나지 않는다. 신언서판이 모두 잘 갖추어진 분들이다. 인격이나 식견 그리고 학문적으로 출중할뿐더러, 서로의 입장을 헤아리고 배려하는 분위기가 갖추어져 있다. 그 가운데 끼여서 보고 듣고 하는 것만으로도 인격의 패턴이 달라지는 느낌이 있다.

이념을 같이 해야 벗이 되고, 자주 만나야 친구가 된다. 작년에 엮어낸 책 가운데『한국학 여명기의 인물과 학문』이 있다. 이 책을 모임의 한 분에게 드리면서 이렇게 적었다.

석현인왈 昔賢人曰	옛 어진 이 이르기를
관인팔법 觀人八法	사람을 보는데 여덟 가지 법이 있으니
위후청고 威厚淸高	위엄있고 후덕하고 청렴하고 고상함은 취할바요
고박악속 孤薄惡俗	뒷모습 외롭고 앎 옅고 성품 악하고 행이 속됨은 버릴 바라.

관인팔법에 있어서 앞의 네 가지인 '위후청고'는 나도 취하고 진행하면서 다른 사람을 볼 때도 선택의 기준이 될

사항이다. 그리고 뒤의 네 가지인 '고박악속'은 나도 그러지 않도록 해야 하지만 다른 사람을 고를 때에도 조심해야 할 바라는 말이다.

버릴 바에 '외로울 고孤'가 있다. 본인은 사회적 지위나 권세 등을 내세워 위엄을 갖춘다고 하는데 도무지 사람들이 따르지를 않는다. 항상 뒷모습이 외롭다면 자신을 돌아다보아야 하지 않겠는가?

'엷을 박薄'은 무엇을 많이 말하고 간섭하고 하는데 도무지 깊이가 없다. 깊은 성찰 속에 진지함이 묻어나야 깊은 대화가 통할 것이다.

'악할 악惡'은 그럴만한 사람인데도, 이웃 잘 되는 일에 즐거워하지 않는 사람을 가리킨다. 오기가 있고, 몽니를 부린다면 인격자로 따르기 어렵다.

'풍속 속俗'은 행동이 속된 것을 가리킨다. 자연스러울 자리가 촌스러워지고 당당해야 할 자리에 거만해진다면 어떻게 되겠는가? 버려야 할 네 가지가 몸에 밴 인물을 골라 놓고 부하로 데리고 쓰라면 선뜻 응하기 어려울 것이다.

신언서판身言書判은 사회를 살아가면서 갖추어진 인격의 판단 기준이다. 그 가운데서 판단을 중시하고, 그보다 마음을 더 중시하는 것은 스스로 어떤 인물을 만들어가고, 어떤 경륜을 펴갈 것인가에 있기 때문이다. 더불어 사는 세상이니까 인격도 함께 할 수 있도록 조성해 나가야 한다. 더불어 사는 건강한 인격, 그것은 건강한 사회를 이루어나가는 바탕이 된다.

발원

정산 종사 말씀하시기를 「남에게 이익을 줌이 길이 많으나 바른 발원 하나 일어나게 하는 것에 승함이 없고, 남에게 해독을 줌이 길이 많으나 나쁜 발원 하나 일어나게 하는 것에 더함이 없나니, 발원은 곧 그 사람의 영생에 선악의 종자가 되는 까닭이니라.」

『정산종사법어』무본편 15장

세상을 살아가면서 남에게 환영받는 인물은 행복한 사람이다. 그런데 어떤 사람이 남에게 환영받을까? 말할 나위 없이 이익을 주는 사람이다. 가까이하면 인격적으로나 물질적으로 손해를 끼치는 사람이라면 환영받을 까닭이 없다.

남에게 이익을 주는 사람은 가치 있는 사람이다. 그 이익이 집안에 미치면 집안사람이 귀하게 알게 되고, 그 사회에 미치면 그 사회구성원이 귀하게 알게 될 것이다. 한 국가를 위해 희생한 사람은 의인으로, 혹은 영웅으로 오랜 역사를 두고 추모하고 숭경하는 것은 모두 그 사람이 지은 바에 따른 것이다.

동서고금을 통해 인류가 널리 받들고 따르는 성현聖賢들 역시 그럴 만한 가르침과 이익을 주었기 때문이다. 그런데 그 이익이란 무엇일까? 시대로 보거나 지역으로 보거나 서로 멀리 떨어져 있으니 물질적인 것이 아님은 분명하다. 인생살이의 올바른 지침을 받고 자기를 찾아 정체감을 확보하는 인격적인 관계라는 말이다.

성현들이 내놓은 경전 한 구절로 세상을 보는 정신이 열린다. 글귀 하나로 새로운 삶을 개척할 발원을 가진다면 얼마나 멋진 일인가?

남강 이승훈南岡 李昇薰, 1864~1930 선생은 근대 한국을 대표하는 교육가요 독립운동가이다. 교육가로는 저 유명한 오산학교를 개설한 분이요, 독립운동가로는 1919년 3·1운동 당시 기독교인으로 참여한 33인의 민족대표의 한 분이다. 그런데 남강 선생은 일제의 압제 속에 사업이 실패하자 한때 실의에 빠져 술로 세월을 보낸 적이 있다.

그러한 남강 선생이 새로운 인물로 거듭나게 된 것은 어떤 인물을 만나면서이다. 도산 안창호島山 安昌浩, 1878~1938 이다. 남강 선생은 1864년에 태어났고, 도산 선생은 1878년에 태어났으니 남강 선생이 14살이나 위다. 그런데 도산 선생을 통해 새로운 삶을 얻고 민족을 위한 발원을 하게 되었으니 걸출한 인물임이 틀림없다.

1907년 7월, 그날도 남강 선생은 사업에 망한 끝에 술에 취한 채로 세상을 원망하며 대동강가를 거닐고 있었다. 그런데 강변에 사람들이 모여 있고 어떤 젊은이가 단상에서 강연하며 열변을 토하고 있는 것이 아닌가. 정신이 번쩍 들고 술기가 싹 가시었을 것이다. 도산 선생이 '교육진흥론'이라는 강연을 하고 있던 참이었다.

젊은 도산 선생의 강연을 들은 그는 술병을 깨고 이를 악물게 되었다. 새로운 발원이 생긴 것이다. 남강 선생은 개인의 영달보다는 민족을 구해야겠다는 굳은 결심 아래 금주 금연과 단발을 결행한다. 그리고 도산 선생이 조직한 비밀결사 신민회에 가입한다. 평양에 돌아온 그는 서당을 개편하여 신식교육을 하기 위해 강명의숙을 설립하고, 그해 11월에 오산학교를 개교하기에 이르렀다.

남강 선생의 민족의식은 항일운동으로 이어지고 1919년 3·1독립운동 때는 33인의 한 분으로 참여한다. 남강 선생이나 도산 선생은 다 같이 민족의 스승으로 존경받고 있다. 마음을 살리고 발원을 갖게 하는 것이 얼마나 고귀한 일인지를 이들은 웅변하고 있다. 나쁜 발원을 하게 하면 그만큼 낮은 일이 됨은 물론이다. 만남이 향상 진급하는 원願을 발하도록 한다면 얼마나 좋은 일인가.

복 짓는 마음

정산 종사 말씀하시기를 「복을 지으면서 알아주지 않는다고 한탄 말라. 복을 짓고 칭찬을 받아 버리면 그 복의 반을 받아 버리는 것이니, 내가 복을 지음이 부족함을 생각할지언정 당장에 복 받지 못함을 한탄하지 말라.」 또 말씀하시기를 「오는 복을 아끼면 길이 복을 받느니라.」 『정산종사법어』 무본편 37장

1970년대까지만 해도 정규 학교 교육을 받지 못한 사람들이 많았다. 시골에서 의무교육인 초등학교도 제대로 마치지 못하였으니 한글을 깨우치지 못한 사람이 넘쳐났다. 그래서 마련된 것이 고등공민학교, 기술학교 등의 이름이 붙은 각종학교였다. 수도권의 공장지대를 비롯하여 중소도시에 이르기까지 이런 학교가 거의 하나둘 쯤은 있었다. 학생들이 많다 보니 마련된 학급에는 청소년반, 주부반, 그리고 노인반도 있었다.

공부해서 중학교 입학 검정고시를 보고, 또 학습 과정을 밟아 고등학교 입학 검정고시를 보는 식이었다. 어려운 여건에서도 열심히 공부해서 상급학교에 진학하는 사람이 많았다. 선생님 중에는 직장인도 있고, 교사자격증을 가진 선생님, 그리고 정규 중고등학교 선생님이 야간에 봉사활동을 해주곤 하였다.

각종학교를 나온 분들의 동창회를 가 보았더니 선생님에 대한 존경심이 놀랄 정도로 높았다. 친구 중에는 고등공민학교를 거쳐 중고등학교 선생님, 그리고 대학교수로 옮겨 근무하고 있는데 가장 열정적인 교육은 고등공민학교 시절이라고 말한다. 그만큼 학생들에게 다가서서 교육했다는 말이 될 것이다.

그때 사범대학 학생이었던 친구가 교사가 되어 가르치면서 같은 또래인 학생에게 이렇게 말했다고 생각해 보자. "너는 의무교육을 받았다면서 한글도 깨우치지 못했어? 그래 가지고 스무 살이나 먹었으니 앞길이 뻔하다." 이 말을 들은 학생은 아마 공부고 뭐고 집어치우고 같은 또래인 선생님을 원수로 알았을 것이다. 살리는 말 한마디가 소중한 법이다. 용기 나게 하는 말, 원을 발하도록 권면하는 말, 힘을 실어주는 말, 마음을 편하게 하는 말, 그 말 한마디가 금전보다 귀할 때가 얼마든지 있다.

공덕 중에도 내가 베푼다는 걸림이 없는 무상無相의 공덕, 보시布施 중에도 자기를 감추고 아낌없이 주는 무념無念의 보시가 값진 것이다. '오른손으로 주는 것을 왼손도 모르게 하라'는 예수님의 말씀은 이 최상의 무상 공덕, 무념 보시의 차원을 말해주는 것이 아니겠는가?

조그마한 복을 지으면서 알아주지 않는다고 한탄하고, 그 대가를 챙겨서 받으려고 한다면 인격적인 관계는 아니다. 남이 잘되는 것으로 나의 즐거움으로 삼는 모습을 우리는 주위에서 얼마든지 보면서 자랐다. 예컨대 전통적으로 우리 어머니들은 동네친구들과 당신의 자녀들을 차별하지 않았다. 초등학교 선생님은 당신의 봉급을 쪼개서 어려운 친구들을 돕고, 상급학교라도 진학하면 자기 일처럼 기뻐하셨다.

우리는 고마움에 대하여 '감사합니다'라고 인사한다. 그런데, '감사합니다'라는 그 한 마디면 충분한 것 아닐까? 만약에 '어제는 저녁을 사주셔서 감사합니다.', '전화를 친절하게 받아주셔서 감사합니다.', '지난번 체육대회 격려사에서 우리 학교를 자랑해주셔서 감사합니다.'라고 잘게 나누다 보면, 감사한 마음이 말로 흘러가 버리게 된다. 온화하게 감싸주면서 마음으로 마주하는 그런 만남이 좋겠다.

마음공부

> 정산 종사 말씀하시기를 「과수를 기르는 데에도 뿌리에 거름을 주어야 그 과수가 잘 자라고 훌륭한 결실을 보게 되는 것 같이, 사람의 뿌리는 마음이라 무엇 보다 먼저 마음공부에 힘써야 훌륭한 인격을 이루나니, 이 마음공부를 여의고 어찌 혜복의 결실을 바라리오.」　　　　　　　『정산종사법어』 무본편 9장

현대사회는 물질적으로도 고도의 기술 집적시대이지만 지적知的 정신적으로도 고도의 수준을 이루는 시대가 되었다. 사회생활에 필요한 정보도 갈수록 많은 양이 필요해진다. 콘텐츠도 하루가 다르게 바뀌고 커지고 있다.

옛날에는 직장을 구할 때 일반적으로 자격증이 필요하지 않았다. 그러던 것이 언젠가부터 자격증 제도가 강화되더니 지금은 훨씬 구체화 되어 그 직장에 맞추어 준비하지 않으면 지원조차 하기가 어렵게 되었다. 학문에 있어서 전

공이 세분화 되더니 이들을 연대하는 새로운 바람이 불고 마침내는 현장과 연계하는 고단위의 처방을 하게 되었다.

분명하게 고도의 지적 수준을 요구하는 사회가 되어 있다. 종교의 신앙처 역시 미신다운 점을 극복해야 할 때이다. 당처불공當處佛供이라는 말이 있다. 기복적祈福的인 불공이 아니라, 그일 그 일을 성공시키기 위한 구체적인 불공 양식은 고도의 수준이어야 한다는 말이다.

의약이 발달함에 따라 환자에게 투여하는 약도 다양한 처방을 쓰게 된다. 약 하나로 모든 증상에 통하던 시대는 지났다. 마찬가지로 세상을 구제해 나가는 데도 다종다양한 방편이 필요하게 된 것이다.

과수를 기르는 사람이 때에 맞추어 거름을 주지 않고 뿌리가 튼튼해질 것을 바란다면 결과를 보기 어렵다. 뿌리를 튼튼하게 한다면서 착화着花를 촉진하는 거름을 주면 되겠는가? 그렇다면 우리 인생을 튼튼하게 하는 거름은 어떻게 해야 할까?

우리말에 몸과 마음을 합하여 부르는 '몸'이라는 말이 있다. ㅁ에 아래아, 그리고 ㅁ 받침을 한 '몸'말이다. 몸과 마음을 어울려 사는 이른바 영육쌍전靈肉雙全을 단적으로 부른다면 '몸'이 될 것이다. 세계의 무수한 말 가운데 이처럼 두

가지를 잘 아울러 표현하는 말이 또 어디 있을까? 그런데 몸과 마음을 구별해 놓고 보면 마음은 리더요, 몸은 멤버가 되어 주어야 한다. 그래야 그 사람에게 인격이라는 말을 사용하게 되지 않겠는가?

이렇게 보면 몸과 마음에 있어서 먼저 거름을 해야 할 곳은 마음임이 분명해진다. 마음공부가 그것이다. 나이가 들면서 느끼는 흥미로운 사실은 마음이 갖추어져야 행동이 힘 있게 이루어진다는 것이다. 어떤 사고思考를 하더라도 개념과 규범을 전제로 할 때 체계화되는 경향이 보인다. 마음이 정해지면 그에 몸이 따라 움직이는 모습을 관찰하게 된 것이다.

마음은 형체가 없어서 잡으려고 해도 잡히지 않고 놓으려고 해도 놓이지 않는다. 하지만 마음이 나타나는 상황을 살펴보면 거짓된 마음, 미워하는 마음, 아닌 마음을 알게 된다. 요란한 마음, 어리석은 마음, 그른 마음을 찾아 한마음 나기 이전의 맑고 훈훈한 마음을 찾아 살리는 노력이 필요하다.

미운 마음도 고운 마음도 나기 전의 마음이 참 마음이다. 가만히 거울을 쳐다보면 내 마음이 어떤 상태인지도 알게 된다. 과수에 풍성한 과일처럼, 풍성한 인격을 가꾸는 데 필요한 것이 마음공부이다.

크게 밝은 세계

깨달음이란 혼이 열렸다는 말이다. 인간의 심혼을 꿰뚫어 우주혼과 하나 된 상태이다. 인도에서 인간본질인 아트만과 우주의 본질인 브라흐만을 하나로 보는 범아일여梵我一如가 그것이며, 신유학에서 인성과 천리를 하나로 보는 성리性理의 지극한 자리가 그것이다. 불가佛家의 고승 대덕이 한 소식 얻고 "여기 한 물건이 있으니 이름도 없고 형상도 없다有一物於此 無形無體"는 언어와 명상이 끊어진 자리가 그것이다.

그러한 격格, 그러한 레벨로 보면 궁극적인 자리는 이름이 중요한 것이 아니다. 어떤 이는 태극太極이나 도道라고 표현하고, 어떤 이는 하느님이나 신神, 혹은 절대자라고 부른다. 진리 부처님인 청정 법신불淸淨法身佛도 이와 다르지 않다.

문제는 어느 표현이 옳은가, 어느 쪽이 격이 높은가에 있는 것이 아니다. 그러한 탈속한 경지에서 시대를 보신 분들은 어떤 가르침을 주셨고, 어떤 관점을 제공해 주셨느냐에 있다.

서가모니부처님이 깨달음을 얻고 베푼 가르침을 초기 경전에서 살펴본다. 한 마디로 연기법緣起法 곧 세상 만물의 관계성에 대한 파악이 중심이다.

이것이 있으므로 저것이 있고, 이것이 멸하므로 저것이 멸한다.

이 논리에서 '이것이 있으므로 저것이 있다'는 것은 관계성을 공간적으로 파악하고 있다. 그리고 '이것이 멸하므로 저것이 멸한다'는 것은 시간상으로 파악했다는 말이다.

공간적 시간적인 인연에 의해 합쳐진 만물은 그 인연이 다하면 소멸하는 것이니, 항구적인 실체가 존재하지 않는다. 이 원리를 터득하는 것이 깨달음이다. 정산종사는 '원각가圓覺歌'라는 깨달음의 노래가 있는데 이렇게 시작된다.

호호망망 너른 천지 길고 긴 저 세월에

과거 미래 촌탁忖度하니 변 불변의 이치로다

여기서 '호호망망 너른천지'는 공간적 파악이요, '길고 긴 저 세월에'는 시간적인 파악이 된다. '과거 미래 촌탁하니'의 촌탁은 '헤아릴 촌忖, 헤아릴 탁度'을 쓰는데, '과거와 현재와 미래를 탁 쪼개어 헤아린다'는 뜻이다. 과거와 현재와 미래를 탁 쪼개어 보았더니 변하는 이치와 불변하는 이치가 발견된다는 것이다. 서가모니부처님이 파악한 인연과 법칙이 이에서도 분명하게 드러난다.

그러한 깨달음의 눈으로 시간과 공간이 교차하는 역사 세계를 보니 격변하는 시대라는 말씀이다. 과거의 시대는 내 마을 내 나라 내 민족밖에 몰랐으니 좁은 시대이다. 그래서 간단한 구세 이념救世理念이나 울 좁은 가르침으로도 다스릴 수 있었다. 그러나 우리가 맞이하는 새 시대는 너른 시대로 판국이 마구 넓어지니 과거 시대를 다스리던 구세 이념으로는 부족할 수밖에 없다.

요즈음 말하는 엔트로피Entropy 법칙으로 모든 에너지나 정보가 고단위로 요청된다. 마찬가지로 지구촌 사회로서로 넘나드니 폐쇄된 가르침으로는 역부족이라는 것이다.

이를 대종사는 대명국大明局, 곧 크게 밝은 판국이라 하였고,
정산 종사는 이를 대명 세계 곧 크게 밝은 세계라고 의미
지어 준다.

4월 28일은 대각개교절로 원불교가 열린 날이다. 교조
인 소태산 대종사가 우주 진리, 곧 일원상 진리―圓相眞理를 깨
우친 날이다. 함께 경하하면서 우리가 모두 만물이 생동하
는 이 봄날에 속 깊은 깨달음으로 지혜롭고 향기 나는 삶이
되시길 염원한다.

묵은 세상과 새 세상

정산 종사 말씀하시기를 「묵은 세상과 새 세상이 바뀌고 있나니, 낡은 것은 가고 새것이 서는 것이 상도니라. 우리가 모두 새 사람이 되어야 하나니, 그대들이 지금 새 세상의 기운으로 몇 살이나 되었는지 살피어 보라.」 『정산종사법어』유촉편 3장

오랜만에 산에 올랐다. 전북 익산에서 유성, 그리고 증평을 거쳐 경북 문경 하늘재에 오르니 세상의 지붕에 서 있는 기분이다. 문경새재를 돌아 돌아서 가는 길이 언덕이며 산허리며 온통 연두색으로 물들어 있다.

도회지에 머물다 보면 잊고 있던 것이 시절의 변화이다. 이를 절로 느끼게 된 것이다. 보리밭에는 아직도 덜 자란 듯 보이는 보리가 고개를 내밀고 있다. 어느 것 하나 죽은 생물이 없다. 충만한 생명의 기운이 우주에 가득 찬 느낌이다.

만약에 봄기운을 받아들이지 못하는 나무가 있다면 어

떨까? 눈이 산하를 덮는 겨울에는 산 나무나 죽은 나무나 그다지 차이가 없다. 모두 앙상한 가지를 드러내 놓고 있으니 말이다. 그런데 봄이 오고 생명의 기운이 온 누리를 적실 때는 죽은 나무와 산 나무의 차이가 완연해진다.

깨달은 눈으로 세상을 보면 어떤 모습일까? 세상 자체가 달라지는 것은 아니다. 깨닫지 못하고 만났을 때의 금강산이나 깨달은 다음의 금강산이 다른 산이 아니듯 말이다.

촉촉하게 내린 봄비가 세상을 분간할 수 없던 황사 먼지를 말끔히 걷어내면 산하대지는 맑고 완연한 본래의 모습을 드러낸다. 그런 의미에서 깨달음은 정신 차원의 문제이기도 하다. 어느 선사가 '산은 산, 물은 물'이라 읊은 게송은 그런 의미에서 적실하다.

포암사에 오르는 길에는 산 벚꽃이 유난히 아름다웠다. 언젠가 지체 부자유한 장애인을 데리고 밖에 나갔더니 그의 눈이 환희에 가득 차 있던 모습이 떠오른다. 자연을 마주하는 것은 자연스러워지는 것이다. 오랜만에 마셔보는 물맛이 왜 그렇게 좋은지? 암벽에서 흘러내린 물을 관세음보살이 내미는 손을 통해 받게 설계한 석공의 공력이 마음에 다가온다.

산사에는 점안식이 열리고, '송학사 가수 김태곤 박사'

의 미니공연이 한창이었다. 모두가 신명 나서 노래를 따라 부르며 덩실덩실 춤추는데, 나도 마치 대자연의 만다라曼陀羅 속에 하나의 조각 그림이 된 기분이다. 그 즐거움은 정녕 법열法悅이었다. 행복하고 흐뭇하고 공기가 맛있는데 이제야 철이 드는 느낌이다.

묵은 세상이 새 세상으로 바뀌고 있다는 말은 생각해 보면 인간이 철드는 모습이다. 원망하던 마음이 녹아 감사하는 마음이 되고, 성내고 욕심내는 마음이 두호하고 베푸는 마음으로 바뀐다면 새 세상을 사는 주인공이 되지 않겠는가?

하늘재 주변을 포암산이라고 부른다. 이름 그대로 바위를 껴안고 있는 모습이다. 깎아지른 절벽이 푸른 숲과 어우러져 끝없이 뻗어 있다. 군데군데 거대한 탑을 쌓은 듯한 바위며, 반가사유상半跏思惟像을 새겨놓은 듯한 거석이 동쪽을 응시하면서 육중하게 자리하고 있다.

연초록에 물든 하늘재 아래는 문자 그대로 봄의 동산이다. 더 치장할 것도 없고, 그대로가 새로운 세상이다. 마음이 살아나고, 마음속 깊은 곳에서 저력의 용기가 솟아오르고, 세상 모든 것을 아름답게 보는 힘이 넘쳐 나는 기분이다.

문득 이제 세상에 감사할 나이도 되었거니 싶다. 새 세상을 가꾸어가는 나는 과연 몇 살인가, 가만히 헤아려 본다. 빙긋이 웃음이 나온다. 도회지를 나와 오르는 산, 속이 탁 트이는 느낌은 새 세상을 여는 원동력이 될 듯싶다.

겸손과 내실

개그프로그램을 재미있게 즐겨 본다. '개콘'이나 '웃찾사', '개그야' 같은 프로그램 말이다. 익살스러운 모습과 연기에서부터 촌철살인寸鐵殺人의 풍자언어가 더해지고, 기획력이 돋보이는 작품이 이어진다.

'마빡이'처럼 여러 가지 버전을 창작 응용하면서 대중화되는 경우가 있다. 모임의 공감대를 형성하는 데 역할을 하는 것을 보면 재미있다. 위트나 유머가 사회인의 정서를 바꾸고 있다. 서양의 속담에 "한 사람의 위트가 만인의 지혜가 된다"고 한 그대로이다.

그런데 시청자들의 눈이 점점 높아진다. 그렇다고 연예인들의 기량이 한없이 발전하리라 기대하는 것은 무리이다. 같은 개그를 되풀이할 수도 없고, 모든 작품이 마빡이처럼 새로운 버전으로 개발되는 것도 아니다. 그렇다면 관련 연예인들이 얼마나 진땀을 흘릴까?

문제는 어떤 상황에 있어서든지 무대에 서면 자연스러워야 한다는 것이다. 억지로 웃기려는 연예인의 인기가 시들해지고 어느 사이엔가 무대에서 사라지는 것을 보면 과연 시청자들의 눈높이를 따라가기 어렵겠다는 생각이 든다.

작품을 익히고 나서 자연스러움이 배어 나도록까지 피땀 흘리는 연예인들을 자주 보게 된다. 인기를 오래 간직하는 탤런트는 한결같이 타고난 끼와 재능에다 무진장한 노력으로 득력得力한 경우이다. 연극배우같이 특히 현장에 강한 사람들은 서서히 꽃을 피워도 한 차례 꽃이 피면 시들지 않는 사람이 장수한다.

물론 이러한 성공담은 사업계나 교육계나 어디에나 있는 일이다. 어떤 어른은 집안 사정으로 10여 년이나 장사를 하다가 나중에야 학계에 발을 딛게 되었는데 보고 있노라면 과연 학문을 위해 태어난 사람 같다. 자연스럽기도 하고 정성스럽기도 하고 또 능력도 출중하게 보인다.

안성맞춤이라는 말이 있다. 사업가는 사업가대로 교육자는 교육자대로, 그리고 연예인은 연예인대로 품격이 있다. 안성맞춤이라고 할 수 있는, 그래서 누구도 흉내 낼 수 없는 그 멋스러움이 자연스럽게 풍겨야 한다.

개그 프로그램에 '같기도'라는 작품이 있다. 이것 같기도 하고 저것 같기도 하다는 뜻에서 따온 이름이다. 자연스러울 자리에 촌스러워지고, 당당해야 할 자리에 거만하게 보인다면 되겠는가? 타이타닉이라는 영화에서 주인공인 디카프리오를 보는 '의젓하고 당당한' 여인의 그런 모습이 좋다.

교만보다는 겸손함이 좋고, 외식이 아니라 내실이 있어야 한다. 교만한 사람은 뒷모습이 외로워 보이는 법이다. 따르는 사람이 없으니 사람을 잃게 된다. 밖으로 꾸미는 외식이 많으면 안으로 채울 여가가 없다. 그래서 진실을 잃게 된다는 말이다. 겸손하고 내실이 있어야 더불어 사는 정이 솟는다.

사람을 잃고 자기 자신을 잃은 사람이 세상사를 도모한다는 것은 헛된 일이다. 씨앗을 잃고 결실을 구한다면 가능한 일이 아니니까 말이다. 겸손하고 내실 있는 삶이 든든한 삶이요, 알찬 삶이다.

실속 있는 생활

> 정산 종사 말씀하시기를 「매사에 허식을 즐기지 말라. 겉으로 화려하고 안으로 보잘것없는 것은 개인 가정 사회 국가를 쇠망케 하는 근본이니라.」 『정산종사법어』근실편 8장

사전에서 '진리적'이라는 말을 찾으면 '사실적'이라고 나온다. 사실적인 것이 진리적인 것이라는 말이다. '매사에 허식을 즐긴다'는 말은 '사실을 벗어난다'는 의미이다. 모든 일을 과장하고 덧붙이고 꾸미고 하다 보면 거짓이 따르게 된다.

'겉으로 화려하고 안으로 보잘것 없다'는 것은 '말은 좋은데 실속이 없다'는 뜻이다. 과수에 꽃은 좋은데 열매가 없다면 과수라고 하기 어렵지 않겠는가?

운동선수가 연습시합에서는 성적이 괜찮은데 본 시합에 나가서 신통치 않은 것이 두세 차례 계속된다면 대표선수로

서의 자격은 멀어지게 마련이다. 그래서 실전을 연습처럼 할 수 있도록 훈련을 계속한다.

연극배우가 리허설까지는 잘했는데 정작 본 무대에 가서 실수를 연발한다면 무대에 설 자격은 박탈당한다. 상장기업이 주가를 올리기 위해 과장된 정보를 거듭해서 흘리면 시장이 용인할까? 결국은 과장되거나 거짓된 정보를 알아내고 그 기업의 신용도는 그만큼 낮아질 것이다.

자기를 갖추는 일은 필요하다. 의복을 갖추어 입고 화장을 하거나 매무시를 고치는 것처럼 자신을 단장하는 것은 세상살이에 있어서 필요하고 좋은 일이다. 다만 그것이 때와 일에 맞아야 격이 살아난다. 축제에 나갈 때는 조금 화려하게 꾸미는 것이 좋다. 그런데 도서관에 나가는 사람은 어떻게 꾸며야 할까? 의복은 질소하게 갖추고 공부할 수 있는 자료나 정보를 갖추기에 노력해야 할 것이다. 그것이 때에 맞고 일에 맞는 갖춤 아니겠는가?

자기를 갖추고 꾸미는 것은 누구나 마찬가지이다. 선거가 잦아진 요즘은 정치가가 대중의 주목을 받기 위해 자기의 업적을 과장하고, 상대방을 비방하는 경우가 없지 않다. 여기에 국가기밀 같은 것을 여과 없이 들추어낸다면 공인의 자격을 유지할 수 있겠는가?

허식을 꾸미는 일이 과장되고, 거짓으로 흐르게 되면 어떻게 될까? 결과가 개인에 그치면 그래도 다행스러운 일이지만 가정 사회 국가로 미친다면 문제가 커진다. 시중에 내다붙인 교통표어 가운데 "5분 먼저 가려다가 50년 먼저 간다"는 끔찍한 문구가 있었는데, 과장하다 보면 그런 꼴을 면하기 어렵게 된다.

개인의 인격에 균형이 깨지면 인격파탄자가 되고 만다. 그처럼 사회의 총화가 깨지면 혼란을 가져오고 국가가 망하는 지경에 이른다. 그래서 공부할 시기에 충실히 공부해 두어야 한다.

'미리 준비한다'는 말을 흔히 쓰고 있는데 실력을 기른다는 의미요, 실다운 생활을 위한 길이다. 일을 당하기 전에 일의 순서와 필요한 정보, 관련 지식과 관계된 일과 인물들을 파악해 둔다면 당황하는 일이 없어진다. 허식은 과장된 것이니 오래가지 못하는 법이다. '미리 준비하는 공부'를 하면서 지혜롭고 건강한, 실속 있는 생활이 이루어지도록 심축한다.

평화세계

'욕'을 잘하고, 또 자주 해야 건강하게 오래 산다고 한다. 아마, "무슨 그런 말씀을 하세요, 욕을 잘하면 죄짓지요." 그렇게 생각할 분이 계실 것이다. 그런데 실제로 욕을 잘하면 건강해진다.

며칠간 남쪽 섬의 산속을 헤매었다. 욕하는 사람이 많았다. 삼림욕森林浴 말이다. 5월에 들어선 산야는 온통 연초록 새 옷으로 갈아입었다. 주변에 논밭도 있고 산림이 있어 공기가 맑고 좋다고 생각하며 살았는데, 남쪽 섬 산속의 공기는 그와 비할 바가 아니었다.

그래서 아침과 저녁에 삼림욕할 복장으로 갈아입고 나섰다. 시간도 잊고 일도 잊고 자신도 잊고 자연 속에 동화되었다. 몸놀림이 가벼워지고 어느덧 행선行禪을 즐기게 되었다. 선禪은 마음을 한 곳에 멈춤으로써 몸을 바루는 조신調身, 호흡을 통제하고 고르는 조식調息, 마음을 다스리는 조심調心으로 이루어진다. 말할 나위 없이 앉아서 하는 좌선坐禪이 가장 효과적이다.

그러나 선이 앉아서 하는 좌선으로 끝난다면 살아있는 활선活禪이라 하기에는 부족하다. 누워서는 와선, 걸어갈 때는 행선, 이렇게 하여 모든 일상日常에 삼매三昧를 이루는 무시선 무처선無時禪無處禪이 되어야 구경에 이르는 것이다. 마음공부에 때와 곳이 따로 있어서야 되겠는가?

그런데 황토를 밟으면서 만물이 생동하는 산속을 그냥 그렇게 걷고 있다. 가끔 들려오는 해조음은 신비감을 더해주는 느낌이다.

삼림욕 어떨까? 이런 욕이라면 할 만하지 않겠는가? 풍욕風浴도 좋고, 여름에는 해수욕도 좋다. 목욕은 어떨까? 반신욕半身浴이 유행하더니, 족욕足浴을 즐긴다는 사람도 더러 만나게 된다.

반신욕이나 족욕이나 한 곳을 따뜻하게 하여 전신에 조

화를 가져오는 것이 원리일 것이다. 반신욕 좋아하는 사람은 감기에 걸려도 반신욕, 소화가 안 되는 데도 반신욕, 혈압이 있어도 반신욕, 이렇게 찾는다. 적당하게 따뜻한 물을 받아놓고 욕조를 덮개로 덮은 다음 독서라도 즐길 때는 삼매에 빠지기 쉽다.

욕 이야기가 길어졌는데, 균등 사회와 조화로운 세계를 이루는 데는 삼림욕에서 만나는 사람들처럼 산뜻해야 한다. 물질 위주의 이기가 골라 맞는 것도 중요하지만 결국은 공도 정신이 골라져야 한다. 평화 세계는 서로 은혜를 느낄 때 가능해지는 것이 원리이다. 더불어 사는 원리가 은혜요, 은혜를 느낄 때 감사생활이 된다. 남북한이 서로 감사함을 느끼지 못한다면 평화를 함께 할 수 있겠는가?

균등 사회와 평화 세계, 곧 조화로운 세계는 내가 아니라 우리, 혼자가 아니라 여럿, 한쪽이 아니라 모두가 함께 할 때 가능한 것이다. 그래서 공도 정신이 우선이요 감사생활이 필요하다. 삼림욕을 하면서 잘 가꾸어진 환경과 그것을 가꾼 사람들에게 감사하는 것처럼, 감사할 때 가능한 것이다.

참 실력

정산 종사 말씀하시기를 「돌아오는 세상에는 실력이 충실하여야 서게 되는 바, 실력의 조건은 지식이나 수완보다 첫째 진실함이요, 둘째 공심 있음이요, 셋째 덕 있음이니라.」 또 말씀하시기를 「돌아오는 세상의 주인될 이는 법위 있고 진실하며 어느 모로나 대중에게 이익을 주는 이니라.」

『정산종사법어』근실편 17장

5월은 가정의 달이다. 5일이 어린이날, 8일이 어버이날이다. 어버이날의 옛말은 어머니날인데, '어머니'는 세상을 살아가면서 가장 먼저 느끼게 되는 은혜를 상징하는 말이 아닐까? 부모은에 대한 자각을 갖는 기회가 되었으면 좋겠다.

이 밖에도 5월에는 1일이 근로자의날, 15일이 스승의날, 21일이 성년의날이다. 5일은 어린이날과 더불어 원불교 교조인 소태산 대종사 탄생일이고, 또 부처님 오신 날인 곧 석존성탄절이 있다. 이렇게 보면 2~3일에 한 차례씩 기념일을 맞이하는 셈이다.

기념일을 뜻깊게 맞이하는 길은 무엇일까? 만약에 어린이날을 맞이하는 가장이 그 역할을 못 하고 있다면 어떨까? 그리고 어버이날을 맞이하여 자식 된 도리나 어버이 된 역할을 다하지 못한다면 그 입장은 어떨까?

어떤 분은 지금 근로자 역할을 하는 세대를 일러 "마처시대"라 부르고 있다. '마처'란 부모를 봉양하는 마지막 세대요, 자식으로부터 봉양을 받지 못하는 처음 세대를 가리켜 쓴 말이다. 적실한 표현이라는 생각이 든다.

그렇다면 마처시대의 우리는 어떻게 살아야 할까? 말할 나위 없이 이 시대를 헤쳐나갈 실력이 있어야 한다. 자력自力 말이다. 자력은 정신의 자주력精神 自主力, 육신의 자활력肉身 自活力, 경제의 자주력經濟 自立力을 의미한다. 정신과 육신과 경제에 있어서 자력을 얻을 때 의타생활, 의뢰생활을 넘어서는 일이 가능해진다.

그런데 어버이로서 실력은 지식이나 수완만으로는 부족하다. 돌아오는 세상에 필요한 실력을 든다면 첫째는 진실眞實함이요, 둘째는 공심公心 있음이요, 셋째는 덕德 있음, 이 세 가지이다.

이를 어버이날을 기념하여 부모은恩父母恩과 관련해서 생각해 보면 그 뜻이 분명해진다. 부모의 은혜는 만사만리萬事萬理의 근본인 이 몸이 존재하는 것으로부터 시작된다. 부모가 있으므로 해서 이 몸을 받게 되었고, 온갖 사랑을 다 쏟아 양육해주었다. 그리고 인륜 도덕을 가르쳐 이 세상에 내보내 준 것이다.

그렇다면 부모은은 어떻게 갚아야 할까? 당연히 이 세상에 나투어진 상태에서 그 역할을 다하는 데서부터 시작해야 한다. 세상을 살아나갈 인생의 요긴한 도리, 공부의 요긴한 길을 잘 갖추는 일이 급선무이다. 자력을 갖추는 것이 중요하다면 그것을 담는 그릇이 진실함, 공심, 덕이라는 말이다.

대중과 어울려 사는 세상에는 법 있고, 진실하며, 그렇게 하여 대중에게 이익을 주는 인물이라야 환영을 받게 된다. 자기의 일에 충실한데 세상 사람들은 그 부모를 칭찬하고, 그 가문을 흠모하는 것을 보게 된다.

장차 오는 세상은 밝은 세상, 떳떳한 세상이 될 것이다. 그러니 실력 갖춘 사람을 우대하는 세상이 될 수밖에 없다. 욕심에 차서 자기밖에 모르는 사람은 좋아할 개인이나 단체가 어디 있겠는가?

어버이날에 생각해 본다. 과연 나는 어버이로서 실력을 갖추고 있는가? 사회로부터 환영받을 유익한 사람인가? 주는 만큼 받듯이 실력 갖춘 만큼 환영도 받을 것 아닌가?

그래서 이 땅에 사는 어버이들을 위해 기도한다. 실력 갖추어 환영받는 멋진 어버이들이 되길 심축한다.

영단과 심력

만물의 영장이라는 인간에게 멈추고 나아가는 자제력이 없다면 어떻게 될까? 아마 철없이 날뛰는 영리한 원숭이와 별반 다르지 않을 것이다. 깊이 생각하고 참을 줄 아는 사람이 인격자이다. 하지만 해야 할 일은 힘써 행해 나갈 줄도 아는 사람이 되어야 한다.

조용히 마음을 모을 때 어떤 방법이 좋을까? 좌선을 하거나, 명상이나 요가, 혹은 단전호흡을 하는 것도 효과가 있을 것이다. 이들 여러 가지 방법에는 다소 차이가 있지만, 몸과 마음을 통제하는 데는 그다지 다르지 않다.

좌선하면 마음이 모인다. 고요함이다. 수양이 되고 지혜의 힘도 저절로 생긴다. 가만히 앉아 있는 데도 온몸이 튼실해지고, 정신 기운이 상쾌해진다. 외국인 가운데는 좌선이 정력精力을 가꾸는 데 도움이 된다면서 배우기를 희망하는 경우가 있다.

과학적으로 증명하기를 좋아하는 사람은 이런 현상을 곧잘 설명한다. 좌선하면 피가 잘 순환되며, 잠잘 때와 비슷한 알파파라 불리는 뇌파가 지속한다. 또 옥지玉池라 불리는 침샘에서 고여 넘기게 되는 침은 약弱알칼리성으로 몸이 산성화로 늙어지는 현상을 막아준다고도 한다. 틀린 말이 아닐 것이다.

좌선을 하면 제일 좋은 것은 몸과 마음이 쉬어진다는 것이다. 휴식 말이다. 모든 일에 내닫던 안이비설신의 육근眼耳鼻舌身意 六根의 동작을 멈추고 자연과 물아일체物我一體가 된다는 것은 멋진 일이다. 물론 처음 좌선하려면 좀이 쑤시고 답답하고 그럴 것이다.

그런데 자신을 주저앉히는 노력을 계속하면 어느 사이엔가 몸도 마음도 넉넉해지는 자신을 발견하게 된다. 이 몸과 마음을 블링하기 위해 큰 휴식을 하려면 가까운 원불교 교당을 찾는 것이 좋다. 교무님의 친절한 지도를 받다 보면 재미가 생길 것이다.

　풍수지리설風水地理說의 원리는 "산천 지맥에 생기生氣가 흐르며 그 생기를 받으면 발복發福한다"라는 것이다. 산맥은 남쪽으로 뻗어 있다. 아니 주맥이 남쪽이며 여러 방향으로 뻗어 있다. 이렇게 이어진 산맥을 내용來龍이라고 한다. 생기를 타고 내려오는 것이 살아있는 용이라고 보는 것이다. 그런데 용이 머무는 곳에 기가 뭉치고 기가 뭉치는 곳이 명당明堂이요, 그 핵을 혈穴이라 부른다.

　그러면 용은 어떤 상황 속에서 머물까? 말할 나위 없이 물을 만나면 머문다. 그래서 마련된 명당이 북쪽으로 현무, 동쪽으로 청룡, 서쪽으로 백호, 남쪽으로 주작의 사신四神을 열게 된다. 물이 동쪽에서 서쪽으로 흘러 장풍득수藏風得水 곧 '바람을 감추고 물을 얻는다'고 해서 풍수라고 쓰니, 사람이 의지하고 살만한 곳이다. 명당의 터가 크면 도읍이나 마을, 집이 들어서서 양기陽基라 하고, 작으면 묘를 써서 음택陰宅이라 하니, 직계자손이 발복하는 원리는 같다.

　예화가 길어졌다. 땅도 크게 멈추면 영기靈氣가 어려 명당이 되는데, 사람이 잘 참으면 영단이 어리는 것은 당연하지 않겠는가? 참는 일을 거듭 계속하면 심력, 곧 마음의 힘이 쌓이니 자유자재가 그 가운데에 있다.

자행자지自行自止가 갖춘 바 없이 아무렇게 사는 모습이라면, 마음의 힘을 얻은 자유자재는 얼마나 멋진 삶인가? 인고忍苦하며 영단을 쌓아나간다면 모든 일에 자유자재한 심력의 소유자로 거듭날 것이다.

칭찬하는 사회

정산 종사 말씀하시기를 「자기가 자기를 대우하지 못하나니, 남을 대우함이 자기의 대우가 되며, 자기의 공을 자기가 드러내지 못하나니, 남의 공을 잘 드러내어 줌이 자기의 공을 드러냄이 되느니라.」　　　　　『정산종사법어』 무본편 42장

우리들은 평소 칭찬이 얼마나 후한가? 집안에 어린 자녀들이 있으면 꾸중할 일도 많고 칭찬할 일도 많아진다. 가정에서나 직장에서나 칭찬을 많이 하는 그런 풍토가 잘 가꾸어졌으면 좋겠다.

오래 두고 생각해 보면 역시 용기를 일으키고 자신감을 심어주는 데 있어서 칭찬이 약인 것 같다. 엘리베이터를 잠깐 멈추고 기다려준 학생에게 "고마워!"라고 간단히 감사를 표했다. 그랬더니 다음에 만난 그 학생은 고개를 숙이며 인사를 해 온다. 선연善緣의 길이 열린 것이다.

초롱이라는 귀여운 식구가 있다. 요크셔테리어 품종의 강아지인데 유독 나를 따른다. 밖에 나갔다가 의식적으로 살금살금 다가서도 문을 열기 전에 '왕' 하고 반긴다. 짧은 꼬리를 쉬지 않고 흔드는데 모르는 척하고 지나가면 뜯어 눕힌다. 다가가서 쓰다듬어 주면 앞발을 비비면서 좋아한다. "합장하고 인사하네!"라고 거들면 목줄을 풀어달라고 발딱 드러눕는다.

왜 나를 따를까? 아마도 놀아주고 먹을 것도 주고 목줄도 풀어주고 무엇보다 칭찬하며 귀여워해 주기 때문인 듯싶다. 좌선하거나 글을 쓸 때면 무릎 안으로 쏙 파고 들어와 드러눕는 것이 마치 사람 같다. 미워할 것도 없지만, 아무튼 다섯 살배기 강아지인 초롱이도 좋아하는 줄은 분명히 안다.

그런데 하물며 사람은 어떻겠는가? 칭찬은 그 사람의 심지心地를 헤아리는 일이다. 인정을 받는 것은 그래서 중요한 일이 된다. '칭찬은 고래도 춤추게 한다'는 말은 그래서 두고 생각할 가치가 있다. 선연을 짓는데 비용 들이지 않고 고효율을 낼 방법이 칭찬 말고 또 있겠는가?

내가 저 사람을 칭찬하고 대우해주면 선연으로 맺어짐과 동시에 저 사람도 감사를 느끼게 된다. 자신이 칭찬받는 원리가 그 가운데 있다. 외국의 아름다운 도시 외곽에 있는 관광지를 여행하다가 질문을 받은 적이 있다. "이곳 인상이 어떠세요?" 그렇게 묻는데, "이곳 관광지는 이름이 높은데 그다지 아름다운 줄을 모르겠네요."라고 대답했더니 모두 깜짝 놀란다.

나의 대답이 의외라는 눈치다. 그래서 얼른 한 마디 덧붙였다. "멋진 곳입니다. 그런데 저가 사는 도시가 너무 아름다워 관광지가 빛이 바래는 느낌이네요." 그제서야 모두 안도의 숨을 내쉬며 미소를 보내는 것이었다. 격이 있는 칭찬이라 생각했던 모양이다.

옆집 어른들께 "댁의 아드님이 참 예절이 바르더군요."라고 인사하면, 그 아이는 정말 예절 바른 아이가 된다. 자기가 세운 조그마한 공을 드러내기에 힘쓰면 사람만 작아진다. 상대방의 공을 인정하고 장점을 드러내고, 칭찬하는 사회라면 살아볼 만한 사회가 아니겠는가?

저 사람의 공을 드러내고, 고마움을 표하고 사는 세상은 평화로운 세상이다. 평화로운 세상은 서로가 거듭나는 세상이니 그 가운데 있어서는 나의 공을 드러낼 필요가 또 있겠는가? 나라고 하는 의식相을 놓아버리고 더불어 살며 칭찬하는 하루 그것이 요긴한 일이다.

지식과 자각

　지식은 배워 아는 것이고 자각은 스스로 깨달아 터득하는 것이다. 배워 아는 것이 중요한 일이지만 아는 것에 쫓겨 산다면 스스로 터득하는 힘이 없어진다. 그렇다면 주체성이 없는 사람처럼 흔들리게 될 것이다.

　전승傳承과 자증自證이라는 말이 있다. 원리에서는 아마 지식과 자각의 관계와 다르지 않을 것이다.

　전승은 스승으로부터 비법을 전해 받는 일이다. 스승이 한문이나 외국어를 읽을 때 까다로운 문장을 통해 주고 용례를 살펴 맥을 짚어주는 것은 실력을 쌓는데 바탕이 된다. 그러나 스스로 문리文理가 터지지 않으면 답답함을 면하기 어렵다.

이 문리가 터지는 것이 자증이다. 제자가 자력이 생겨 스승의 역량이 트이는 것이다. 소설 『갈매기』에서 조나단 리빙스턴 시걸은 먹이를 쫓는 갈매기 떼와 달리 비행과 비상을 연마한다. 모진 고생을 거친 다음 마침내 극점에 다다르며, 대중이 이를 인정하고 받아들인다.

그러나 그것이 전승되지 않는다면 신화나 전설로 끝나고 만다. 이를 이어가는 노력 곧 전승이 이루어져야 한다. 이렇게 해서 비행과 비상의 갈매기가 다다랐던 바는 대代를 이어 터득하게 되는 일이 전개된다. 그것이 자증이라는 말이다.

선사禪師들이 수행을 한다. 마음의 근본 자리를 지긋이 꿰뚫어 보기에 노력한다. 근본 자리, 그것을 성품性品이라고 한다. 그것은 우주 대자연과 통하는 세계이다. 사실 마음자리는 거칠 것도 막힐 것도 없어서 지구 끝 저편에도 가고, 미래세계에 가서 놀기도 한다. 그런 모양새라서 마음이란 둥글고 모날 것도 없고, 깊고 옅을 것도 없고, 작고 클 것도 없고, 밝고 어두울 것도 없고, 또한 선도 악도 없는 세계이다.

그런 신령스러운 마음은 한없이 크기도 하고 작기도 하다는 뜻을 '대포무외大包無外하고 세입무내細入無內한다'고 표현한다. 대포무외란 커서 모든 것을 다 아우르며, 세입무내란 작아서 그 안에 아무것도 들어갈 수 없다는 말이다. 생각해 보면 참으로 신령스러운 것이 마음이다.

그런 마음자리는 이름도 없고 형태도 없는데 선사가 그 극진한 자리를 환하게 보았다고 하자. 하지만 그것은 언어문자로 가르칠 세계가 아니니 제자에게 어떻게 전할 것인가? 거기에서 '달을 가리키는 손가락'이라는 말이 나온다. 손가락 끝을 지긋이 쳐다보고 있노라면 달을 보게 된다. 이것이 지식과 자각, 전승과 자증의 원리이다.

'이심전심以心傳心'이라고 한다. 마음으로써 마음을 전하는 세계이다. 스승이 공부한 바를 전자칩 같은 것으로 입력하여 제자에게 옮겨줄 수 있다면 얼마나 좋겠는가? 인간의 문화적인 축적이나 외국어 실력 같은 것을 그렇게 옮길 수 있다면 참으로 편리할 일이다. 그러나 편리를 좇다 보면 인간의 이기심이 발동하여 세상에 크고 작은 싸움이 그치지 않게 될 것이다.

마음을 전해야 하는데 언어문자를 통할 수 없다면 상징을 동원할 수밖에 없는 일이다. 그래서 도道를 묻는 사람에게 '차茶나 한잔하고 가게.'라는 격외格外의 대화가 베풀어진다.

지식과 자각, 전승과 자증을 맑은 물이 흐르는 샘물로 비유하면 어떨까? 사회생활을 하는 우리들의 지혜가 샘물처럼 마르지 않았으면 좋겠다.

세 가지 스승

제Ⅱ부 정산종사법어의 가르침

정산 종사 말씀하시기를 「수도인에게 세 가지 스승이 있나니, 말로나 글로나 행동으로써 나를 가르쳐 주시는 사람 스승과, 눈 앞에 벌여있는 무언의 실재로써 나를 깨우쳐 주는 우주 스승과, 스스로 자기를 일깨워 주는 양심 스승이라, 사람이 큰 도를 이루고자 하면 이 세 가지 스승의 지도를 다 잘 받아야 하느니라.」

『정산종사법어』 무본편 53장

오늘이 스승의 날이다. 그간에 가르침을 받은 어른들을 생각해 보니 한없이 존경스럽고 그립다. 교육과정이 길어진 관계도 있고 하여 여러분의 은사가, 국내는 물론 외국에까지 계신다. 생각해 보면 지금 이 자리에 서 있는 것 자체가 스승께 받은 가르침이다.

여러 스승 가운데는 작고하신 분도 적지 않다. 유학 기간에 석사과정을 지도해 주신 노 스승의 명을 거두는 모습은 인상적이었다. 의자에 앉은 어른은 붓 펜으로 '나무아미타불_{南無阿彌陀佛}'을 쓰는데, 전력하였다가 '부처 불_佛' 자에 이르러 기력을 잃고 내려긋는 마지막 획에서 명을 거두셨다. 정토종 염불 신앙자의 진면목을 본 것이다. 지금도 눈을 감으면 미소 띤 스승의 얼굴이 마치 어릴 적 작고한 선친의 모습처럼 다가온다.

그래서 박사과정에서는 다른 분을 지도교수로 모시게 되었다. 수술 등으로 생사를 넘나드셨는데 지금도 고령으로 현역에서 활동하고 계시니 다행스럽기만 하다. 몇 년 전 해외에 유출된 회화문화재를 모사복원_{模寫復元}해 오는 과정에서 스승을 찾았더니, 해외의 제자를 위해 동분서주하면서 일을 해결해 주는 모습이 즐거움으로 넘쳐나고 있었다. 믿음과 호의란 무엇인가를 웅변해주었다고나 할까? 동행한 전문가들을 더욱 감동하게 한 것은 일을 성공적으로 수행할 수 있게 해 주는 역량이었다.

나는 과연 그와 같은 심량_{心量}과 성의를 가지고 있는가? 지금 박사학위 논문을 제출하여 심사 중인 유학생 제자에게 강의경력을 갖추어 보내기 위한 노력은 은사에 대한 예_禮 같은 것이다. 후학기 자신의 강의를 대신토록 하는데 학과 교수들이 흔쾌하게 동의해 주니 바람직한 학풍_{學風}이 아닐까 싶다.

지난달에는 대학 때부터 교수생활을 하도록까지 40년을 모시고 살던 스승이 열반하셨다. 오랫동안 누워계셔서 언어소통이 어려웠는데도 오늘 병원 옆을 지나가 보니 허한 가운데 마음 한구석이 절절하게 아려오는 느낌이 든다. 모시면서 학술회의 준비, 편찬 작업, 종교조사 등 쉴 틈 없이 살아오면서도 항상 저력의 용기를 일깨워 주셨기에 보람이 그 가운데 있었다.

며칠 후에는 고등학교 졸업 40주년을 맞이하여 동창들의 모임이 준비되어 있다. 친구들은 어떤 인생을 살아가고 있을까? 졸업 후 처음 만나는 친구들을 그려보지만, 천진하고 장난스러운 몇 얼굴뿐 설렘만 쌓이는 듯싶다. 그곳에 선생님 한 분을 모신단다. 유학에서 돌아와 교육청의 친절한 안내로 교장이 된 선생님을 만나서 얼마나 반가웠던가?

그리고 주변에 신앙을 지도해주신 스승이 계신다. 올해 퇴임을 하셨는데 40년 이상 묵묵히 지켜봐 주시는 어른을 자주 찾아뵙지 못하는 죄송함이 있다. 그 심경으로 찾아 든 가르침이 이 '수도인의 세 가지 스승'이라는 법문이다.

수도인은 어떤 스승을 받들까? 첫째는 말과 글과 행동으로 가르쳐 주신 인간 스승, 둘째는 무언의 실재로서 깨우쳐 주는 우주 스승, 셋째는 스스로를 일깨우는 양심의 스승이다. 인간의 스승에서 대자연의 스승, 그리고 양심의 스승까지 찾아 모시는 재미는 수도인이 아니라도 가능한 일이 아닐까? 세상을 살아가는 양식 있는 모든 사람이 널리 스승을 찾는다면 바람직한 일이 틀림없다.

스승의 날이다. 스승을 모신 덕에 행복한 삶을 살아올 수 있었다. 이 기회에 마음에 남는 스승님을 찾아뵙는다면 어떨까?

이 세상이 이 만큼 영위되는 것도 세상을 깨우쳐 준 어진 큰 스승들의 덕택이기도 하다. 모두가 거듭나는 길을 찾는, 그러한 스승의 날이 되기를 희망한다.

연구공부의 세 가지

정산 종사 말씀하시기를 「연구공부 하는데 세 가지 요긴함이 있나니, 첫째는 바르게 봄이요, 둘째는 바르게 앎이요, 셋째는 바르게 깨침인 바, 이 세 가지 가운데 바르게 깨침이 그 구경이 되느니라.」　　　　　『정산종사법어』권도편 39장

연구공부란 사리연구事理硏究의 공부를 말한다. 마음공부의 방법에는 삼학三學이라고 부르는 세 가지 길이 있다. 첫째가 정신수양精神修養, 둘째가 이 사리연구, 셋째가 작업취사作業取捨이다. 이 가운데 사리연구는 우리가 경험하는 크고 작은 일과 이치를 연마하고 궁구해나가는 지혜단련의 공부이다.

우리는 세상의 일과 이치 사이에 나서, 그 속에서 살다가, 그 속에서 생을 마친다. 따라서 누구에게나 일과 이치에 대한 지혜가 필요하고, 옅으면 옅은 대로 깊으면 깊은 대로

사리연구를 하게 된다.

우리의 근본 마음자리는 어두워질 것도 없고 가릴 것도 없어서 원래는 청정하다. 그 청정함이 몰록 나타나면 지혜로운 사람이 되겠지만, 욕심에 끌리고 아집我執에 사로잡히고 자기가 좋아하는 쪽으로만 연마하다 보면 어두운 사람이 된다.

그래서 예로부터 마음공부에 뜻을 둔 사람은 사리연구를 행하여 왔다. 이른바 지혜단련, 혜두慧頭단련 등이 그것이다. 이런 단련을 하는 것은 사리연구의 구경究竟이 깨달음으로 이어지기 때문이다.

그런데 우리가 일상생활에 있어서 사리를 바르게 파악하는 방법은 무엇일까? 이에 요긴한 세 가지가 있는데, 첫째 바르게 봄이니 정견正見이다. 둘째가 바르게 앎이니 정지正知, 셋째가 바르게 깨침이니 정각正覺이다. 바른 깨침이 구경이 된다는 것은 깨달음에 의해서 일과 이치가 밝아지고 지혜가 갖추어지기 때문이다.

그 밝아진 일과 이치, 갖추어진 지혜를 이 법문은 다음과 같이 말한다.

"안으로 버리고자 하되 버릴 수 없고 잊고자 하되 잊을 수 없고 연구공부의 결과, 곧 바르게 깨진 대각大覺의 진경이 어느 정도인지 확연히 드러난다. 일과 이치를 손바닥 위에 구슬을 들여다보듯이 환하게 안다는 말씀이다. 스스로 깨쳐 마음의 근본 자리며 우주의 원리를 명확하게 알았으니, 버릴 수도 숨길 수도 없다. 어떻게 살아야 할 것인가, 세상을 어떻게 깨우쳐 갈 것인가를 확연하게 알았으니 자기에게 길하고 흉하고 편하고 어렵고 하는 상황이 이 마음을 움직이지 못한다. 여러 가지 묘책도 그 생각을 끌지 못하는 단계를 일러 진경이라고 한다.

궁극적인 진경에 이르면 이와 같은 위력이 있으니 이른바 연구력이다. 잘 갖추어진 연구력은 마음의 근본 자리와 우주의 진리 자리를 확연하게 밝히기 때문에 지혜 있는 존재가 된다. 다만 아는 지식이 아니라 세상을 살고 살려갈 지혜가 갖추어지는 것이다.

그렇게 마련된 지혜는 인격성을 동반하게 되며 그런

지혜로운 사람을 인격자라고 한다. 세상 만물이 힘껏 자기 모습을 드러내는 5월이다. 산에 오를 틈이 없으면 동네 언덕이나 공원을 걸어보면 어떨까? 나무 한 그루, 풀 한 포기가 예사롭지 않게 다가올 것이다. 그렇게 해서 맑아진 마음, 그 가운데 나도 모르게 세상에 대해 너그럽고 지혜로워질 것이다. 오늘 지혜의 꽃이 피는 나무 사이를 산책해 보면 어떨까?

극하면 변하는 이치

정산 종사 말씀하시기를 「극하면 변하는 것이 천지의 이치라, 개인이나 가정이나 단체나 국가나 모두 그 왕성할 때를 조심하여야 하느니라.」　　　『정산종사법어』 법훈편 31장

우리 말에 "세상만사 궁즉통窮卽通이요, 극즉변極卽變이라"고 한다. "세상의 모든 일이 궁하면 통하고 극하면 변한다"는 것이다. 예수님의 "두드리라, 그러면 열리리라"는 말씀은 궁즉통의 가르침이 아닐까? 일을 하다 보면 어려움이 찾아오는데, 그 어려움을 극복하는 것이 '궁하면 통한다'는 원리이다.

또한, 세상의 이치가 성盛하면 쇠衰하게 되는 것, 그것이 '극하면 변한다'는 뜻이다. 원·형·이·정元亨利貞의 이치란 봄·여름·가을·겨울이 순환하는 이치인데, 여름 무더위가 한창인 계절은 양陽이 성한 상태이다. 성하다는 말을 다할 극極

자를 써서 극하다고 표현한다. 이때 양 속에서 한 점 찬 기운 곧 음이 생기게 된다. 극즉변이 되는 것이다.

이와 반대로 겨울의 추위가 한창인 계절은 음이 성한 상태 곧 음극이다. 이때 음 속에서 한 점 양이 소생한다. 이 역시 극즉변이다.

이 추위와 더위를 그림으로 나타낸 것이 태극기에 나타나는 태극 모양이다. 태극기를 보면 양과 음의 성과 쇠가 극명하게 표현되어 있다. 동양철학을 연구하는 분들에게는 학문의 출발점이요, 가장 깊은 구극의 자리이기도 하다. 태극기에 이러한 변화의 철학, 우주 자연의 이치가 들어있다는 것은 멋진 일이디.

왜냐하면, 이러한 변화의 이치를 아는 사람이 지혜로운 사람이요, 지혜로운 사람이 인격자이기 때문이다. 산에 오르면 내려가는 길이 열려 있고, 인간이 성장하면 쇠멸하는 이치가 있듯이 이 세상에는 극하면 변하는 이치가 있다.

역사를 보면 성할 때와 쇠할 때가 나타난다. 국력이 충실하고 사상이 회통할 때는 통합하지만, 기강이 흔들리고 사상이 번다해서 응집력을 상실할 때는 분화한다. 그래서 역사를 통합과 분화의 반복과정으로 설명하는 학자들도 있다. 국가가 통합의 힘이 있을 때는 전통이 계승되다가도 통합력을 상실하면 전통은 단절된다. 단절은 새로운 전통의 시작이라는 말도 되지만, 어떻든 전통과 단절 때문에 역사가 전개된다.

그래서 이런 성쇠의 원리를 아는 사람을 지도자로 모시면 행복한 일이다. 훌륭한 지도자는 국력이 충실할 때 그 충실함을 계속할 방책을 세우고, 사상이 흩어지지 않도록 하는 경세 이념經世理念을 바로 세우기 때문이다.

요즈음은 지방자치地方自治시대라서 선량選良들의 활동상뿐만 아니라 평소 실천한 지도이념을 속속들이 알 수 있다. 주민을 위해 건실하게 활동한 사람은 다음에 천거가 되고, 그렇지 못한 사람은 낙방하는 모습을 본다. 지금은 밝은 세상이고 사람들이 영민해진 것이 분명하다.

높은 자리에 있을 때는 낮은 자리에 있는 사람들의 심경을 충분히 헤아릴 필요가 있다. 그와 같이 겸손을 잃지 않는다면 '극즉변의 이치'를 알고 행하는 지혜로운 사람이라 할 것이다. 변하는 세상 이치를 생각하면서 오늘도 지혜롭고 건강한 하루가 되었으면 싶다.

범부와 성인

정산 종사 말씀하시기를 「장기와 바둑에만 수가 있는 것이 아니라 세상만사에도 수가 있나니, 범부는 눈앞의 한 수밖에 보지 못하고, 성인은 몇십수 몇백수 앞을 능히 보시므로 범부는 항상 목전의 이익과 금생의 안락만을 위하여 무수한 죄고를 쌓지마는 성인은 항시 영원한 혜복을 위하여 현재의 작은 복락을 희생하고라도 안빈낙도하시면서 마음공부와 공도 사업에 계속 노력하시느니라.」　『정산종사법어』무본편 38장

인간에게 앞일을 환하게 내다볼 수 있는 예지의 능력이 있다면 얼마나 좋을까? 대형사고도 막아내고 크고 작은 싸움도 그치게 하는 역할을 할 것이다.

그런데 마음공부가 되지 못한 범부凡夫는 앞일을 예측하지 못한다. 이르는 곳에서 슬기를 발휘하지 못하고 죄를 지으며 배척을 받는다. 아마 욕심 많은 사람이 미래를 내다볼

능력이 있다면 죄짓는 바가 더할 것이다.

범부나 성인이나 사람이기는 마찬가지인데 성인들은 다가올 미래세상을 내다본다. 닥쳐올 바에 대해 액막이도 하고 받아야 할 바에 대해서는 편안하게 받으면서 자기를 지켜내는 힘이 있다. 죄를 멸하기 위해서 참회 반성도 하고 기도도 하면서 말이다.

성인들이 한결같은 마음을 가질 수 있는 것은 변화될 상황에 대한 예지가 있고 준비가 있기 때문이다. 다가올 바에 대해 몇 수 앞을 내다본다는 것은 멋진 일이다.

요즈음은 다들 바빠져서 길가에서 장기나 바둑 두는 분들을 보기 어렵게 되었다. 시간 가는 줄도 모르고 신나게 장기를 두는 사람은 그렇다 치고, 그것을 시간 가는 줄도 모르고 신기한 듯 구경하는 사람도 있다. 그래서 수를 잘못 읽었다느니 물려야 한다느니 한다.

수를 읽는 것이 바둑에서는 훨씬 더한다. 그래서 수를 읽는 데 따라 바둑을 둔다고 하고, 또 바둑을 놓는다고 한다. 바둑판은 가로가 열아홉 줄, 세로가 열아홉 줄 밖에 안된다. 그런데 그 반상의 세계에 이토록 오묘한 수가 무궁무진하게 나타날 수 있을까 신기하기만 하다.

바둑을 좋아하기에 가끔 신선놀음하노라면 정말로 '도낏

자루 썩는 줄 모른다'는 말이 실감 난다. 특히 지고 이기는데 자유롭다 보면 인간 세상을 몇 판쯤 사는 느낌이 든다. 주위에 바둑의 고수가 있다. 학문이 도저到底하고 수행도 남다른데 고수답게 언제나 겸손하고 행동이나 판단에 여유가 있다.

검은 돌 몇 점을 깔고 두는데 어느 사이엔가 큰 돌들이 죽어 있다. 워낙 고수라서 바둑을 둘 때도 어눌한 듯 평이한 듯 맞수들과 별반 다를 바가 없이 보인다. 그런데 나중에 보면 고수가 놓은 돌은 한 점 한 점이 살아서 기능한다.

장기나 바둑을 두면서 세상사는 원리를 익힌다는 것은 묘미가 있는 일이다. 장기나 바둑에 수가 있듯이 세상만사에도 수가 있다. 그런데 범부는 욕심 등에 가려 눈앞의 한 수밖에 보지 못한다. 성인이 몇십수 몇백수 앞을 본다는 것은 인因과 과果, 원인과 결과를 비춰보는 힘을 말한다. 어떤 일이 이루어지는 것을 보면 그 일이 전개될 상황을 환하게 안다. 눈앞의 행불행이 아니라 영원한 세상의 혜복慧福을 장만하는 자세를 갖는다면 자연히 성인의 안목을 가지게 된다.

그러면 무엇이 영원한 세상의 혜복을 장만하는 길인가? 말할 나위 없이 현재에 안분하면서 마음공부와 공도 사업을 행해나가는 것이다. 오늘 바둑 두는 기분으로 이 사회를 위해 좋은 일 한 점 놓아보면 어떨까?

조화와 온유

> 정산 종사 말씀하시기를 「모든 일을 화和와 유柔로써 해결하면 능히 강剛을 이길 수 있고 촉 없이 그 일을 성취할 수 있으나, 아무리 화와 유로 하여도 되지 않는 경우에는 부득이 강을 쓰기도 하느니라.」
>
> 『정산종사법어』법훈편 34장

선인들이 즐겨 외웠던 「처세훈處世訓」이 있다. '파자破字'를 쓰고 있는데 파자란 '글자를 쪼갠다'는 말이다. 한자를 쪼개거나 음을 새김訓으로 읽어 나가는 토속적인 방법이다.

파자의 예를 들면 동학농민운동을 주도한 전봉준全琫準, 1855~1895 장군의 온전 전全 자를 팔왕八王으로 읽어, 팔왕새 곧 파랑새로 표현하는 식이다.

동학운동 당시에 이런 노래도 유행했다.

가보세 가보세

풀어보면 "가자 가자 머뭇거리다가 병신되면 못 간다"는 의미로 들린다. 그런데 이 글의 뜻은 동학농민운동이 일어난 당시와 연관되어 있다. 1894년이 갑오, 다음 해가 을미, 혁명이 미완으로 끝나버린 1896년이 병신년이다. 그러니까 "갑오년에 가자, 을미년에 머뭇거리다가, 병신년이 되면 실패한다"는 뜻을 전하는 노래이다.

파자로 된 「처세훈」은 조화와 온유함을 강조하고 있는데 5자로 된 8줄의 시이다. 파자는 '곰 웅熊 자를 겹쳐 써서 곰곰이' '범 호虎 자를 겹쳐 써서 범범히' '꽃 화花 자를 겹쳐 써서 꼿꼿이' 등이다.

세사웅웅사 世事熊熊思	세상사를 곰곰이 생각하니
차비호호시 此非虎虎時	이 범범하지 않은 때에
심가화화수 心可花花守	마음은 가히 꼿꼿이 지키고
언하초초위 言何草草爲	말은 어찌 풀풀이 하리요
인개궁궁거 人皆弓弓去	사람은 모두 활활 가나
아독시시래 我獨矢矢來	나홀로 살살 오도다

차죽기죽거 此竹其竹去　　　이대로 그대로 가면

전로송송개 前路松松開　　　앞길이 솔솔 열리리라.

_『정감록』

글자를 쪼개서 쓰면서 읊어낸 「처세훈」은 세상사를 잘 보아서 몸과 입과 마음을 모나지 않게 쓰라, 그러면서도 주체성을 갖고 휩쓸리지 않도록 살아가라고 가르친다. '화이불류和而不流'라 하였으니, 곧 '화합하되 흐르지 않는다'는 것이다.

조화와 온유로 처세하면 강강함을 이긴다. 일과 이치 간에 자기 주체성만을 강조하면서 강강하게 만나면 부러지기 쉬운 법이다.

부딪치고 대질리면 촉이 생기게 된다. 부드럽게 촉이 생기지 않게 하는 것이 처세를 아는 사람의 일 처리 방법이다. 그래서 판단은 명민하게 하면서도 행동은 여유롭게, 언어는 무딘 듯 부드럽게 한다는 말씀이다.

처세에 그와 같이 능이 생기면 당연히 대중의 기운을 받게 된다. 그런데 공적公的인 일을 처리하다 보면 특이한 성격을 가진 사람도 만나게 된다. 조화와 온유로서 되지 않을 경우도 생기니, 이때는 부득이 강을 사용할 수밖에 없다. 개인적인 감정을 누그러뜨려 대질리지 않도록 하면서 공변되게 일 처리를 한다면 덕장德將이나 지장智將보다도 용장勇將이 효과를 낼 수 있다는 말이다.

파자로 된 「처세훈」을 하나 더 음미해 보자.

차죽피죽화거죽 此竹彼竹化去竹	이대로 그대로 되어가는 대로
풍타지죽낭타죽 風打之竹浪打竹	바람 치는 대로 물결 치는 대로
죽죽반반생차죽 粥粥飯飯生此竹	죽이면 죽 밥이면 밥 생긴 이대로
시시비비간피죽 是是非非看彼竹	시시비비는 보는 그대로
빈객접대가세죽 賓客接待家勢竹	손님접대는 가세대로
시정상매세월죽 市井商賣歲月竹	시정 장사는 세월대로
만사불여오심죽 萬事不如吾心竹	만사는 내 맘 같지 않은 대로
연연연세과연죽 然然然世過然竹	그렇고 그렇고 그런 세상
	지내는 그대로

_『부설전』부록

선인들이 외우던 팔죽시八竹詩이다. 부드럽고 자연스러운 것이 강강한 것을 이기는 원리를 전해준다. 오늘 이 팔죽시라도 외우면서 부드럽고 자연스러운 멋진 하루되길 염원한다.

서원과 법연

오늘은 석존성탄절釋尊聖誕節, 부처님오신날이다. 서가모니부처님은 2천 5백 년 전, 인도 북부 지금의 네팔지역에서 탄생하였다. 성읍城邑 국가의 왕자라는 부귀영화를 버리고 출가하여 모진 고행을 계속한 끝에 정각正覺을 이루었다. 우주의 근본진리와 맞닿아 있는 인간 본성 자리를 깨우쳐 밝힌 것이다.

서가모니란 석가釋迦족의 모니 곧 성자聖者라는 뜻이다. 깨우침의 내용은 세상을 구제할 이념이 되어 너른 세계의 많은 중생을 구제하는 교화활동을 펼쳐나갔고, 그것이 오늘까지 계속되고 있다. 한 인간의 깨달음은 인류 정신사에 커다란 광명이 되었음을 말해준다.

교화란 '가르쳐 되게 한다'는 뜻이다. 무엇이 되도록 한다는 뜻일까? 말할 나위 없이 인간이 되게 하는 작업, 인간화의 길, 그것이 교화이다.

물론 인간화의 구극은 불교를 연 서가모니부처님이나 원불교 교조 소태산 대종사님처럼 깨달음을 얻는 데까지 이르러야 한다. 깨달음을 통해 모든 중생을 인간화할 구제의 가르침이 전개되니까 말이다.

불교는 "일체중생 실유불성一切衆生 悉有佛性"이라 가르친다. '모든 중생은 한결같이 불성을 갖추고 있다'는 뜻이다. 불성은 부처님 성품, 불종자이니 부처님의 지혜 덕성을 갖추고 있는 모든 중생은 본래 깨달음을 얻어 부처를 이룰 수 있다.

성자들의 본무는 구세제인救世濟人 곧 "혼란에 빠진 세상을 구하고 고통에 헤매는 사람들을 건지는데" 있다. 세상을 구하고 사람을 건지는 것이 성자들의 본무라면 성자들의 바람, 성자들의 희망은 무엇이겠는가? 이를 위한 기반마련에 있다. 여기서 말하는 성자들의 바람이 "세상을 구하고 사람을 건진다"는 서원誓願이요, 성자들의 희망이 그러한 서원을 이룰 수 있는 법연法緣 곧 법의 인연, 진리의 인연이다.

출가出家라는 말의 '집에서 나간다'는 의미는 가출家出과 다름이 없을 것이다. 그러나 출가는 구법求法에 의해 세상을 구하고 사람을 건진다는 서원이 있다는데 차이가 나타난다.

서원 가운데 큰 서원을 사홍서원四弘誓願이라고 한다. 수행자가 지니는 네 가지 큰 맹세라는 뜻인데 이렇다.

가없는 중생 맹세코 모두 건지오리다 衆生無邊誓願度

끝없는 번뇌 맹세코 모두 끊으오리다 煩惱無盡誓願斷

한없는 법문 맹세코 모두 배우오리다 法門無量誓願學

위없는 불도 맹세코 모두 이루오리다 佛道無上誓願成

이러한 서원을 이루려면 어떻게 해야 할까? 서원을 이루는 기반조성이 문제다. 이른바 인프라가 구축되어야 한다. 그것은 서로를 진리계로 이끌어줄 인연 줄이다. 그러므로 법의 인연은 우리의 공부 방향을 결정해 준다.

서원이 없으면 법연이 생기지 않고, 법연을 마련하지 않으면 서원을 이룰 수가 없다. 대학에 가려는 목표가 설정되지 않으면 합격할 수 있는 실력이 쌓이지 않는다. 그리고 실력을 쌓지 않으면서 학교 갈 목표를 세울 수 있겠는가?

다만 부처님의 서원은 하루 이틀이나 한 생生 두 생의 공부가 아니라 영원한 세상을 통하여 원을 세우고 이루어나가는 가운데 이루어진 결과이다.

이렇게 오랜 세월을 두고 이루어 가는 데 있어서 한 두 번 좌절한다고 후퇴하면 안 된다. 오늘 석존성탄절을 맞아 모두가 깨달음의 세계에 관심 가져 보는 계기가 되었으면 좋겠다. 원을 크게 세우고 그 목표를 향해 정진해 가는 모습이 향상의 길이다. 그리고 나를 바르게 이끌어주는 인연이 좋은 인연이니, 원을 이루도록 좋은 인연을 가꾸어가자.

승자와 패자의 도

골동품 가게에 손님이 찾아왔다. 손님은 진열되어 있는 가품佳品을 자세하게 훑어보다가 도자기 한 점이 마음에 든다면서 값을 흥정한다. 터무니없이 싼 값에 달라고 하니까 주인은 그렇게는 깎아드릴 수 없단다.

그러자 주인을 위아래로 훑어보던 손님은 "당신 말고, 주인 좀 불러주시오. 주인에게 부탁해야겠소."라고 한다. 주인이 "내가 주인이요."라고 해도 믿지 않으면서 떼를 쓴다. 손님은 "주인이라면 주인인 걸 보여주시오."라고 하고, 드디어 주인은 "꼭 보여야겠소?"라고 목소리를 높인다.

결말은 어떻게 났을까? 주인은 고가의 도자기를 집어 들더니 땅바닥에 내던진다. '꽝!' 소리를 내며 작품이 박살이 난다. 그러자 주인은 "이래도 내가 주인이라는 걸 못 믿겠소!"라고 소리친다.

주변에서 이런 일을 목격한다면 어떤 생각이 들까? 손님의 억지며, 주인의 행동이 참으로 어리석다고 할 것이다. 그런데 세상을 살다보면 이와같이 어리석은 일을 곧잘 저지르며 사는 것이 인간이다. 잠깐의 분을 못 참아 차를 몰고 파출소로 돌진하는 사람, 운동장에서 응원 중에 칼부림하여 신세를 망친 사람, 어디 이런 사람이 한 둘인가?

우리말에 "저녁내 울고 아침에 누구 제사였는지 모른다"는 말이 있다. 저녁에 제사 지낼 때 누구 제사인지는 알고 울든지 해야 할 것 아니겠는가? 어떤 일에나 목표가 있고 주제를 파악해야 지고 이기고 간에 행동이 바르다.

어떤 일로 싸움이 일어났는데, 목소리 큰 사람이 완력으로 이겼다. 그렇다고 해서 그 사람이 영원한 승자는 아니다. 이길 자리에 이기고 질 자리에 져주는 것이 미덕이다. 이겼다고 교만하고 방심하면 다음에 질 날이 오고, 당장에는 졌어도 겸손하며 분발하면 이기는 때가 온다.

세상은 시비이해로 운행되고 있어서, 옳고 그르고 이롭

고 해롭고 하는 시끄러움이 그치지 않는다. 다산 정약용丁若鏞, 1762~1836 선생은 『여유당집與猶堂集』에서 세상살이 가운데 시비이해를 말하고 있다. 시비이해의 단계 넷이 있으니 옳고 이로운 것이 첫째요, 옳고 해로운 것이 둘째요, 그르고 이로운 것이 셋째요, 그르고 해로운 것이 넷째라고 한다. 시비이해를 생각하는 좋은 잣대가 될듯싶다.

모임에 나갔더니 건배사를 부탁한다. 그래서 언뜻 스치는 바를 올렸다. "오늘 건배사는 '당신 멋져'로 하겠습니다. 새겨보면 '당당하고 신나고 멋지게, 그리고 때로는 져줄 줄도 안다'는 뜻입니다. 그럼 우리의 뜻을 모아서 다 함께 건배하겠습니다. 당-신-멋-져!"

모두 힘차게 외치고 박수 소리가 요란했다. 이런 좋은 건배사를 최초에 마련한 분께 감사한다. 세상 사는 맛이 이처럼 너그럽고 따뜻하면 좋겠다. 친한 친구 사이나 촌수가 없는 부부 사이에도 다툼은 있을 수 있다. 그러나 현명해지려면 '지금 논의는 이 일에 한정하자'고 해야 한다. 옛날 일을 들추어내면 서로 득 될 것이 없다. 부부싸움에 조상까지 들먹여서 무엇을 얻겠는가? 서로의 인격을 존중해주면서 이견을 조율한다면 싸움보다는 신뢰가 쌓일 것이다. 오늘 회식 있다면 모두의 뜻을 모아서 '당신 멋져!'라고 외쳐보면 어떨까?

감사생활

정산 종사 말씀하시기를 「한 부분의 해를 받았다 하여 큰 은혜를 모르고 원망하는 것은 한 끼 밥에 체했다 하여 밥을 원수로 아는 것 같으니라.」　　　『정산종사법어』법훈편 57장

외진 곳에서 살다 보면 사람과 환경에 대한 고마움이 절실해진다. 로빈슨 크루소의 무인도 생활에서는 프라이데이라는 토속민 사람이 나오는데 로빈슨은 그에게 자신이 쓰는 언어를 가르치기에 노력한다. 앵무새에게까지 말을 가르치는 것을 보면 대화를 나누지 못하는 외로움이 얼마나 절실한가를 느끼게 한다.

로빈슨은 마침내 문명 세계로 돌아온다. 귀소歸巢본능이라 할 수도 있을 것이다. 나를 아는 사람들, 내가 익숙한 환경이 고향이다. 고향에 돌아와도 아는 사람이 없고, 환경이 바뀌어 있다면 고향이라 할 수 있겠는가? 안다고 하는 것이

인간애이다.

그런데 이처럼 인간애로 뭉쳐진 사람이 다른 사람에게 조그마한 해를 입었다면 그냥 넘길 수 있지 않을까? 또 넘길 수 있는 능력이 분명히 인간에게는 있다.

사람을 키우다 보면 작은 일에 나무랄 경우가 생긴다. 하찮은 것이지만 나누어 먹도록 준 것을 독식한다든지, 모처럼 구한 브리핑자료가 교육에 필요할 것 같아 주었는데 책상 서랍에 넣어두고 만다든지, 연구자료를 발굴해 주었는데 결과물도 없이 혼자 차지하고 앉아 있다면 지도의 매를 들어야 할 것이다.

우리 선인들은 "사람을 쓰는데 의심하지 말고, 의심스런 사람은 쓰지 말라用人勿疑 疑人莫用"라고 일러주었다. 데리고 사는 사람을 믿지 못한다면 애초에 쓰지를 말아야 한다. 그리고 자기가 간택하여 쓴 인물이라면 작은 실수는 눈감아줄 아량도 필요하다. 교정矯正이 필요로 하는 것은 행동보다는 오히려 사고나 관점이 잘못되었을 때이다. 어떤 직책이 주어지는 것은 역할하고 책임지라는 자리인데 거드름을 피운다든지 아랫사람을 노복奴僕 삼으라는 말이 아니다.

감사생활은 인간관계의 기본이다. 사람과의 만남이 만나지 않는 것보다는 나아야 한다. 만나서 좋아지는 세상이라야 살만한 세상이 되지 않겠는가? 만나서 좋아지는 관계, 그런 관계라면 감사생활이 가능해진다.

원망생활을 청산하면 감사생활이 되고 감사생활을 하면 원망생활이 청산된다. 친구를 칭찬하다 보면 헐뜯고 흉보는 일이 없어진다.

고려 태조王建, 재위 918~943는 자국력의 확충으로 후삼국을 통일(936)한 다음 기념 법요(940)를 마련하고 직접 기원문을 짓는다. '개태사 화엄법회소開泰寺華嚴法會疏'가 그것인데 그 가운데 가꾸어갈 이상 사회를 이렇게 염원하고 있다.

영어장공 囹圄長空	감옥은 오래 비어 있고
관방불폐 關防不閉	국경은 닫히지 않으며
시무이가 市無二價	시장에는 두 가지 가격이 없고
도불습유 道不拾遺	길에는 흘린 물건을 줍지 않네

해석해 보면, 나쁜 일을 저지르는 일이 없으니 감옥에 갈 사람이 없고 그러니 감옥은 늘 비어 있다. 이웃 나라와 평화로워 국경이 열려 있으니 비자入國查證가 필요 없이 자유로이 넘나든다. 또한, 시장질서가 잘 갖추어져 있으니 가격을 속이는 일이 없다. 그리고 신용사회가 되어 귀중품 등 길

에 떨어진 물건을 줍지 않고 주인이 찾아가도록 한다. 그런 사회라면 이상 사회가 아니겠는가?

이런 이상 사회, 살기 좋은 사회를 만들기 위해서는 어떻게 해야 할까? 한 끼 밥에 체했다고 밥을 원수로 알면 안 되는 것처럼 서로 넘나들면서 아량을 베풀어갈 필요가 있다. 감사생활이 참다운 인간다운 생활이다. 서로의 실수를 너그럽게 이해하여 주는 감사생활이 웰빙생활이다.

예의 본의

정산 종사 말씀하시기를 「저 사람의 환경이 좋을 때는 아첨하고 낮을 때는 모멸함은 소인의 일이니, 저 사람의 환경이 낮을 때에 더욱 정의를 잃지 않는 것이 군자의 예요, 이해를 따라 의리를 잊거나 사람이 보는 곳에서는 예를 행하고 보지 않는 곳에서는 예를 폐하는 것은 예의 본의를 알지 못함이니, 이해와 은현을 막론하고 의리와 예의를 잃지 않는 것이 예의 본의를 알아 행하는 것이니라.」 『정산종사법어』 예도편 18장

예禮를 좁게 말하면 에티켓Etiquette이다. 사람들과의 관계 속에서 지켜나갈 예의라는 말이다. 그러나 그것을 키워보면 우리가 생활하는 가운데 일어나는 기거起居동작이나 진퇴進退행동의 어느 하나도 예 아닌 것이 없다. 문화적인 틀에 우리의 생각과 행동을 조화시키는 것이 예라는 말씀이 된다.

부모를 비롯하여 웃어른을 모시는 것이나 아랫사람을

거느리는 것은 물론, 말하고 입을 다물고 움직이고 움직임을 멈추는 일語默動靜이 모두 예이다. 그것은 행동에서부터 마음가짐의 가치관價値觀에까지 이르고 있다.

사람이나 사물을 대할 때는 자연스럽고 슬기로운 자세가 필요하다. 결혼식 등의 의식을 진행하는 데는 정장 차림을 하고, 그중에서도 장례식에는 경건함과 정중함을 갖추어 예를 표한다. 조문 때 입기 위해서 검은 정장을 갖추는 경우가 그러하다.

그렇다고 해서 생일잔치에 검은 넥타이를 하고 가서 되겠는가? 잔치 분위기를 흥겹게 살리기 위해서는 복장이나 선물이나 그 상황에 맞추어야 한다. 더함도 덜함도 없어야 중도이다無過不及曰中. 그런 의미에서 예는 문화이다.

오랜 역사와 전통을 통해 가꾸어진 문화, 그 문화를 계승하면서 갖추는 예가 있기에 민족성이 유지된다. 사람을 부를 때 손바닥을 앞으로 하여 손가락을 모아 접으며 부른다. 그런데 서양사람들이 하는 모양으로 손바닥을 하늘로 향하게 하고 손가락을 모아 접으며 부른다면 어떻게 될까? 아마 "이놈아, 내가 강아지야?"라고 할 것이다. 전통 속에 갖추어진 예, 그것은 삶을 지탱하는 문화의 틀이기 때문에 "로마에 가면 로마의 법을 지키라"고 하는 것이다.

　문제는 예를 지키는 자세이다. 마음가짐이 한결같아야지 상대방의 입장이 좋아지면 아첨하고 낮아지면 모멸한다면 소인의 행동이다. 나의 이해에 따라 의리를 저버리거나 사람이 없는 자리에서는 예를 놓아버린다면 예의범절을 안다고 할 수 없는 노릇이다.

　환경의 변화와 관계없이 한결같은 자세, 어려움에 부닥친 사람에게 더욱 의로워지는 사람이라면 예를 아는 사람이다. 이해利害와 은현隱現 곧 이롭거나 해롭거나 그리고 남의 앞이거나 나 혼자이거나 한결같은 자세를 가져야 한결같은 사람이다.

　겸손할 줄 알면 예에 가까워질 것이다. 『주역周易』에서는 '곤간坤艮' 곧 '지산겸地山謙 : 땅과 산은 겸손하다'의 '겸손할 겸謙' 자를 풀면서 "겸은 형하니, 군자유종謙亨. 君子有終이라" 하였다. 곧 "사람이 겸손하면 막힘없이 통한다. 그러므로 군자는 유종의 미가 있다."는 뜻이다. 땅이나 큰 산과 같이 정중하면 자신을 지키는 길이기도 하다.

　막힘없이 통하는 겸손, 그것이 예의 본질이다. 자신을 낮추고 상대방을 높이는 정신으로 만난다면 인간이나 국가관계나 예로 만날 수 있을 것이다.

지도하는 법

> 사감舍監이 사뢰기를 「학생 한 사람이 아무리 지도하여도 말을 듣지 아니하오니 어찌하오리까.」 정산 종사 말씀하시기를 「사람을 지도하는 이가 자기의 성질대로 사람을 굽히려 하면 되지 않나니, 먼저 그 사람의 근기나 성질을 살피고 소질과 소원을 잘 알아서 서서히 순리로 지도하여야 교화가 잘 되느니라.」
>
> 『정산종사법어』근실편 27장

사람을 지도하기란 쉬운 일이 아니다. 사회가 복잡해지면서 인간관계나 정보를 얻는 루트가 다양해지는 대신 가족제도는 단출해졌다. 따라서 가정에서는 귀한 자녀이지만 밖에 나가서 귀한 대접을 받을 정도로 공동체의 삶을 몸에 익히지 못하는 것이 현실이다. 사회를 향해서는 자기가 필요한 것만 취하는 버릇에 길들게 된다는 말이다.

주체성을 가지면서 대중과 함께 하는 공동체 의식을 갖

춘 사람이라면 어떠할까? 아마 이르는 곳마다 환영을 받고, 대중의 보호도 따르게 될 것이다.

우리가 사는 공동체의 성격을 윤리 면에서 보면 뚜렷한 차이가 보인다. 학교에서는 좋은 학교 진학하려면 열심히 공부하라고 하는 합리적인 윤리이다. 그런데 가정에서는 권위주의적인 윤리로 훈계하지만, 사회에 나오면 방임放任의 윤리가 지배한다. 방임의 윤리 속에서는 금전만능으로 간섭하는 사람이 없다.

간섭하는 사람이 없다는 것은 자칫 어른이 없는 사회가 되어 버릴 수도 있다는 말이다. 공공연한 장소에서 노약자가 잘못 없이 모욕을 당하거나 집단 괴롭힘을 당하는 경우에도 나와 직접 관계가 없으면 강 건너 불 보듯 구경만 한다. 사회가 인정이 메말라 건조하고 도덕이 땅에 떨어져 수습하기 어려우면 건강한 사회라 할 수 있겠는가?

우리 사회는 익명이 통하는 상황에 이르렀다. 젊은이의 부모 이름만 대면 집안 사정이 훤히 통하던 사회는 옛날이다. 같은 성바지가 모여 살던 족성촌族姓村도 거의 무너졌다.

수도권이나 대도시는 인구가 과밀過密하여 공동체가 해체되고, 지방이나 농어촌은 과소過疎지역이 되어 그것이 부실해졌다. 그 가운데 익명이 통하는 삶을 계속하다 보면 공동체 문화가 성장하기 어렵다.

　기숙사에 들어온 학생은 사감의 지도에 순응해야 한다. 순응하지 못하는 것은 주체성을 갖추면서 공동체적 삶을 펼쳐나갈 훈련이 되지 못하였다는 말이 된다. 학업에 뜻이 없다는 것은 다른 생각을 하고 있다는 말도 될 것이다.

　그때 지도인인 사감은 어떤 가르침을 펴나갈 것인가? 지도인의 성질대로 학생을 굽히려고 든다면 반발이 더 심해질 것이다. 그 사람의 근기나 성질을 살피고 소질과 소원을 안다는 것은 성장해 온 환경과 목표의식이 확실한지 등에 대해 파악하는 일이 중요하다.

　순리로 지도할 때 학생은 자기의 위치를 알고 안정을 얻게 된다. 학습의욕을 높이는 길은 목표를 뚜렷이 하고 공부하는 자세를 갖추는 길이다.

　지도인이 학생을 상담하는 것은 주체성을 찾고 자신을 길들여갈 바탕을 마련하는 일이다. 사회가 복잡해지면 복잡해질수록 주체성은 더욱 잘 갖추어져야 바른 사회가 된다. 가정에서도 그러한 훈련이 절실해진 시기가 되었다. 정의롭고 감사 생활하는 밝은 사회가 살기 좋은 사회이다.

사생관의 확립

생사대사生死大事라고 한다. 우리의 삶에 있어서 가장 큰 일은 살고 죽는 문제라는 말이다. 어떻게 죽을 것인가를 물어본다. 그것은 곧 어떻게 살 것인가를 묻는 일에 불과하다.

죽고 사는 문제, 그것을 사생관死生觀이라고 한다. 이제 맞이하는 6월은 6일이 현충일顯忠日인 것처럼 추모의 달이다. 원불교에서는 교조 소태산 대종사가 6월 1일 열반한 관계로, 이날을 기려 모든 조상을 추모하는 향례享禮를 올린다. 이른바 육일대재이다.

선인들을 추모하는 향례를 앞두고 죽음의 문제를 생각

해 본다. 인간 다섯 가지 복福 가운데 하나를 고종명考終命이라 한다. 오래 살다가 명을 다해 마치는 것을 이른다. 인간의 정이야 고종명이라도 아쉬운데 젊음이 아까운 사람과 생사로 나누어 헤어진다면 어떻겠는가?

『법구경法句經』에서는 팔고八苦의 '애별리고 원증회고愛別離苦 怨憎會苦'를 이렇게 노래하고 있다.

사랑하는 사람도 갖지 말라
미워하는 사람도 갖지 말라.
사랑하는 사람은 만나지 못해서 괴로움이요,
미워하는 사람은 만나서 괴로움이라.

사랑하는 사람을 잃어본 적 있는가 물어본다. 부모 형제를 비롯하여 자신처럼 소중한 사람을 잃는 일이 누구인들 없을까마는 아직도 15년 전에 교통사고로 떠난 제자의 빈자리가 메워지지 않는다. 그 친구를 생각하면 지금도 폐부의 저 밑바닥에서 저려 오는 느낌이 있다. 인명재차人命在車로 사람 목숨이 차에 달린 시대가 된 지 오래다. 그렇지만 앞날이 환하게 열려 있는 형안의 젊은이를 잃는 것은 차마 겪을 일이 아니다.

가슴이 쓰린 것은 마치 심장을 꺼내 땅바닥에 문지르는 느낌이 들게 했다. 그러다가 새로운 느낌으로 마주하게 된 것이 『금강경金剛經』의 구절이다. '약견제상비상若見諸相非相이면 즉견여래卽見如來라', 해석하면 "만약에 만물의 형상이 영원한 형상이 아님을 본다면 곧 여래를 보리라"는 말씀이다.

여러 인연이 모여 이루어진 만물의 형상은 인연이 다하여 흩어지는 날 그 형상은 없어지는 것이니 그 원리를 안다면 여래를 볼 것이라는 의미이다. 물론 한 인간의 죽음에서도 나이가 들면서 생로병사生老病死의 원리를 여실하게 보여 주고 가면 얼마나 좋을까? 그러나 죽음이란 조만早晩의 차이는 있어도 1회 한으로 반드시 오게 되어 있으니 그것을 맞이하기 위한 준비에 소홀함이 없도록 하는데 주의를 기울여야 한다.

"40이면 보따리를 장만하라"는 말이 있다. 불혹不惑이라 이르는 40세가 되면 인생의 태양이 중천에 뜬 기간이다. 그러나 죽음의 보따리는 이때부터 준비하여야 늦지 않다는 가르침이다. 노후문제를 포함하여 생각하면 좀 더 실감이 나기도 한다. 요즈음은 평균수명이 늘어 지천명知天命인 50세는 청년이요, 이순耳順인 60세에는 환갑잔치마저도 쑥스럽게 되었다. 그래서 고희古稀인 70세가 아니라 희수喜壽인 77

세의 절명도 아쉬운 바가 있다. 농담 섞인 이야기로 '구구팔팔이삼사', 곧 "99세까지 팔팔하게 살다가 2~3일 앓고는 사망한다"는 것이 많은 사람의 꿈인 시대가 되었다.

그렇더라도 생生은 사死의 근본이요, 사는 생의 근본이니 사생관을 확립하는 것은 뜻있는 삶이다. 그렇다면 생을 거두는 사람이 청정한 최후 일념을 어떻게 챙기게 해야 할까? 최후 일념이 최초 일념이 된다. 그러므로 진리를 깨우쳐 부처되는 일과 너른 세계의 많은 중생을 구제하는 발원이 가장 뛰어난 일이다. 성불제중成佛濟衆의 서원 말이다. 이를 평소 연습한다면 멋진 사생관을 실천하는 삶이 될 것이다.

삶을 영위하는 기간은 건강하게, 병이 오더라도 친구삼아 잘 대접해서 얼른 떠나게 하는 것이 좋다. 그리고 그 친구가 같이 떠나자고 하면 다시 건강한 새 몸을 받아 돌아오기 위한 길을 담담하게 떠나는 삶이 복된 삶이다. 그 준비를 정성스럽게 하다 보면 그 길 또한 설렘으로 맞이해 볼 만하지 않겠는가?

제Ⅲ부 원불교의 가르침과 경전

1. 소태산 대종사의 대각과 개교

원불교圓佛敎는 소태산 대종사少太山大宗師, 朴重彬, 1891~1943의 대각大覺으로 창립된 새 시대의 종교이다. 대종사는 오랜 구도 끝에, 병진년(1916) 4월 28일 궁극적 진리를 오득悟得하고, 교단을 열어 그 구세 경륜救世經綸을 펼쳐나간다. 교단에서는 이 해를 원기 원년圓紀元年으로 삼고, 그 진리를 법신불 일원상法身佛一圓相, ○으로 상징하여 최고 종지最高宗旨로 삼는다. 곧 신앙의 대상과 수행의 표본이다.

대종사는 신묘년(1891) 5월 5일, 현재의 전라남도 영광군 백수읍 길룡리 영촌에서 태어났다. 본관은 밀양密陽, 부친 박회공朴晦傾 공과 모친 유정천劉定天 여사의 3남으로, 이름은 중빈重彬, 호는 소태산少太山이며, 대종사는 교단에서 받들어 부르는 존칭이다. 총명 활달하며 주의심이 깊었던 대종사는 6세 시(1897)에 자연현상에 대한 의문을 일으키고 9세 시에 우주와 인생에 대한 의문이 깊어진다. 서당엘 다녔으나 얼마 지나지 않아 학업을 접고, 의심건의 해결을 위해 산신을 찾기도 하고, 도사를 만나기 위해 노력한다. 14세 때(1905) 양하운梁夏雲, 大師母 여사와 혼인하여 가정을 이룬 후에도 구도求道의 뜻은 더욱 간절해졌고, 구도 중 19세(1910)에 부친상을 당하고 답답한 심정은 '장차 이 일을 어찌 할꼬?' 하는 탄식과 더불어 한 생각으로 멎은 채 돈망頓忘의 상태에 들게 된다. 이로부터 6년이란 세월에 걸쳐 집안은 피폐하고 건강까지 완전치 못해 이웃 사람들은 그를 폐인으로 바라보게 된다.

구도와 신병치료를 위해 대종사는 기도처를 옮겨 다니는 등 여러 방법을 강구하는데, 점차 모든 계교計較를 잊는 선정禪定의 경지가 계속된다. 마침내 26세 되던 병진년(1916) 4월 28일(음. 3. 26) 이른 아침, 동녘에 번지는 서광을 보면서 홀연히 마음이 밝아지고 온몸이 상쾌해지며, 영문靈門이 열려 오랫동안 품어 왔던 모든 의심疑心을 한꺼번에 해결하게 된다. 이른바 대각大覺을 이루었으며 이에 의해서 밝혀진 바를 일원상 진리, 이날을 대각개교절大覺開教節이라 불러 원불교의 개교일로 삼고, 이 해를 원기 원년으로 헤아린다.

대각을 이룬 대종사는 그 심경心境을 "만유萬有가 한 체성體性이며 만법萬法이 한 근원이로다. 이 가운데 생멸生滅 없는 도와 인과보응因果報應 되는 이치가 서로 바탕하여 한 두렷한 기틀을 지었도다.”(『대종경』 서품1)라 밝힌다. 시국時局을 보고 도탄塗炭에 빠진 인심을 바로잡기 위해 “물질이 개벽開闢되니 정신을 개벽하자.”는 개교표어를 내건다. ‘최초법어’를 베풀었는데, 후일 성문화된 내용은 ‘수신修身의 요법’·‘제가齊家의 요법’·‘강자·약자의 진화상 요법’·‘지도인으로서 준비할 요법’이다.

　　대종사는 과거 성현들의 깨친 바를 참조하기 위해 각 종교의 경전을 열람하다가 『금강경金剛經』을 보고 “서가모니불은 성인聖人들 중의 성인이라”고 찬탄한다. 그리고 “내가 스승의 지도 없이 도를 얻었으나 발심한 동기로부터 도 얻은 경로를 돌아본다면 과거 부처님의 행적과 말씀에 부합되는 바 많으므로 나의 연원淵源을 부처님에게 정하노라.”(『대종경』 서품2) 하고 불법佛法을 주체삼은 회상會上의 건설을 선언한다. 불법의 진수를 드러내고 새로 제도를 갖추어 시대화時代化·대중화大衆化·생활화生活化된 가르침을 전개하게 된 것이다.

2. 교단의 역사와 활동

① 불법연구회 시대

생장지인 영광에서 교화활동을 시작한 대종사는 원기 원년 7월경, 따르는 사람들 가운데 8~9인의 표준제자를 얻어 십인일단十人一團의 수위단首位團을 구성함으로써 교단의 최초형태를 갖춘다. 그리고 원기圓紀 2년(1917) 8월, 표준제자를 중심으로 '저축조합貯蓄組合'을 창설하여, 금주단연禁酒斷煙·허례폐지虛禮廢止·공동출역共同出役 등으로 자본금을 모으고, 근검저축勤儉貯蓄·이소성대以小成大의 정신으로 공부工夫와 사업事業할 토대를 마련한다.

원기 3년(1918) 3월, 조수潮水가 내왕하는 영광지방의 해면海面을 막아 간석지를 개간하는 방언공사防堰工事에 착수하여 영육쌍전靈肉雙全·일심합력一心合力의 정신으로 추진한다. 그해 10월에 1회回를 12년으로 하고 3회 36년을 1대代로 하는 창립한도創立限度를 발표하여 중·장기 발전계획에 의한 교단 창립을 분명히 하며, 같은 달 최초의 교당인 구간도실九間道室의 건축에 착수하여 12월에 준공한다. 이에 '대명국영성소 좌우통달 만물건판 양생소大明局靈性巢左右通達萬物建判養生所'라는 간판을 내건다.

이듬해 원기 4년(1919) 3월 방언공사를 완공함으로써 근대 한국의 국토개척사의 한 전형典型을 이룬다. 당시 사회적으로 3·1 독립운동이 일어나는 상황에서 대종사는 생민의 고통이 한이 없음을 내다보면서 세상을 구하고 천의天意를 감동시키기 위해 구인제자九人弟子들과 특별기도를 하기로 하고, 3월 26일부터 재계齋戒하고 3·6일(음력 6·16·26일)로 산상기도山上祈禱를 시작한다. 마침내 8월 21일(음7. 26) 구인제자가 인류 구제人類救濟를 위해 자결自決을 결심하고 '사무여한死無餘恨'이라 쓴 증서에 백지장白指章을 찍자 혈인血印의 이적異蹟이 나타난다. 대종사는 "그대들의 마음은 천지신명天地神明이 이미 감응했고 음부공사陰府公事가 이제 판결이 났으니, 우리의 성공은 이로부터 비롯했다" 하고, 기도를 마치게 한 다음 "그대들의 전날 이름은 곧 세속의 이름이요 개인의 사사私事 이름이었던 바, 그 이름을 가진 사람은 이미 죽었고, 이제 세계 공명世界公名인 새 이름을 주어 다시 살리는 바이니, 삼가 받들어 가져서 많은 창생蒼生을 제도濟度하라"(『원불교교사』 제1편 4장) 하고, 법호法號와 법명法名을 준다. 이를 법인성사法認聖事라 하며, 이에서 보인 무아봉공無我奉公·사무여한死無餘恨의 정신은 후일 전무출신專務出身의 기본정신으로 삼게 된다.

이해 10월 6일, 대종사는 '저축조합貯蓄組合'의 이름을 '불법연구회 기성조합佛法研究會旣成組合'이라 바꾼다. 한편, 삼엄한 시국의 주목을 피하여 대종사는 8월경 주석 처駐錫處를 전라북도 부안 봉래산으로 옮기며, 12월에 실상사 근처에 초당을 마련한 다음, 교법을 초안하고 인연을 규합하여 교리·수행의 훈련을 시키는 등 교단의 공개를 준비한다. 이때 『조선불교혁신론朝鮮佛敎革新論』과 『수양연구요론修養研究要論』 등의 초안이 이루어진다.

원기 9년(1924) 4월 29일, 전라북도 익산의 보광사普光寺에서 불법연구회 창립총회佛法研究會創立總會, 총재 대종사, 회장 徐中安를 개최하여 교단을 공개하며, 8월 현재지現在地인 익산 신룡동 344-2번지에 6만여 평의 황무지를 개간하여 중앙총부中央總部를 건설한다. 이 해에 대종사 일행은 전라북도 진안을 방문하여 수선회修禪會를 열며, 이듬해 3월 정기훈련법定期訓練法과 상시훈련법常時訓練法을 제정하여 실시함으로써 인재육성에 착수

하고, 8월에는 공부·사업고시법工夫·事業考試法과 유공인대우법
有功人待遇法을 제정한다. 전답을 빌려 경작하고 엿장사를 하는
등 어려운 생활 속에서 주경야독晝耕夜讀의 수행 분위기를 조
성해 나간다.

원기 11년(1926) 2월에는 신정의례新定儀禮를 발표하여 생
활에 변화를 도모하고, 7월에는 서울 창신동에 서울출장소
를 마련하여 수도권교화에 나선다. 이듬해에 교단 최초의
교재 『수양연구요론』·『불법연구회 규약規約』 등을 발간하
고, 원기 13년(1928)에는 창립 제1회의 기념총회를 개최하며,
행·재정의 각종 제도를 마련하는 가운데 농업부기성연합
단農業部旣成連合團과 인재양성소기성연합단人材養成所旣成連合團을
창립한다. 이해 5월에 월간 기관지 『월말통신』을 발행하는
데, 이는 이후 『월보』·『회보』로 이어졌으며, 이에 대종사의
법문과 고경의 해석, 행·재정제도, 교화와 훈련, 설교와 의
견안 등 교단 창업 관련 기사를 다양하게 싣고 있다.

원기 17년(1932) 『보경 육대요령寶經六大要領』의 발간을 시
작으로, 원기 19년(1934) 『보경삼대요령』, 이듬해 『조선불교
혁신론』·『예전禮典』을 발간하여 교리를 정비하고, 유사종교
소탕령類似宗敎掃蕩令이 내려진 원기 21년(1936)에는 『회원수지
會員須知』·『불법연구회 약보略報』 등을 발간하여 시국에 대처

한다. 한편, 원기 19년 3월에는 회규를 고쳐 종법사宗法師·회장 아래 교정원敎政院·서정원庶政院의 2원 체제를 확립하고, 이듬해에는 중앙총부에 대각전을 세우고 법신불 일원상을 봉안하여 신앙체계를 확립해나간다. 이해 익산에 산업기관으로서 약업사인 보화당普和堂을 개설하고 교역자가 직접 운영하게 함으로써 생산성 있는 종교, 종교의 자립 경제책을 마련하고, 원기 25년(1940)에는 완주군 삼례에 수계농원을 개설하여 산업종교의 면모를 갖춘다.

교당 교화敎堂敎化가 확장됨에 따라 원기 23년(1938) 11월에 처음으로 교무강습회를 개최하고, 원기 25년에는 제1대 2회를 맞이했으나 일제日帝의 불허로 기념대회를 열지 못한다. 같은 해에 교역자 양성을 위한 전수학원으로 유일학원唯一學院 설립을 신청하고 원기 27년(1942) 탁아소 겸 보육원으로 자육원慈育院을 신청했으나 일정당국의 불허로 좌절된다. 당시 대종사는 교단이 사회에 유익을 주면서 발전하는 방향으로 교화敎化·교육敎育·자선慈善, 社會福祉을 교단 3대 사업목표로 설정한다. 대종사는 교세가 신장되고 각종 체제가 정립되는 가운데 소의경전所依經典의 필요성이 증대됨에 따라, 1940년 9월부터 교리에 정통한 몇 제자들에게 명하여 그간의 초기교서들을 통일 수정하여 『정전正典』을 편수하도록 한다.

　　원기 26년(1941) 1월 28일에는 전법 게송傳法偈頌으로 '일원상 게송一圓相偈頌'을 공포하며, 이 해에 종법사와 수위단의 임기를 6년으로 하는 '회규'를 정비하는 등의 행정조직을 강화하고, 이해 12월에 태평양전쟁이 일어난 급박한 시국 아래 이듬해가 되자 개인 명의名義로 등기되어 있던 교산敎産들을 공증公證한다. 대종사는 이 해에 최후로 지방을 순회하며 교도들의 신성과 결속을 다지는 한편, 교서를 친감親鑑하여 출판을 신청하나, 일제는 '황도선양皇道宣揚의 정신이 결여되었다'는 등의 이유를 들어 불허한다. 그해 중앙총부를 방문하여 대종사와 교단 상황에 대해 감복한 불교시보사 김태흡金泰洽(大隱), 1889~1989 사장의 주선에 의해 이듬해인 원기 28년(1943) 3월 조선총독부의 허가를 받아 『불교정전佛敎正典』(권1)으로 발행에 회부하여 8월에 보급되었고, 연원 경전인 불타와 조사의 전적을 『불교정전』 권2·3으로 각각 편집 발간한다. 대종사는 이해 5월 16일 '생사법문生死法門'을 설하고 시질示疾하여 치료하다가 6월 1일 열반에 든다. 개법開法 28년의 제도사업이었다.

② 원불교교명 선포시대

대종사의 뒤를 이어 그 상수제자上首弟子인 정산 종사鼎山宗師, 宋奎, 1900~1962가 법통을 계승하여 종법사위에 올라, 교단 해체를 획책하는 일제말기의 난국을 헤쳐 나가다가, 원기 30년(1945) 종전終戰으로 민족해방을 맞이한다. 교단에서는 해방 후 만주와 일본 등지에서 들어오는 전재동포戰災同胞를 구제하기 위해 서울·부산·익산 등에 귀환전재동포구호소歸還戰災同胞救護所를 설치하고 식사·의복·숙소·응급치료 등의 활동을 전개하는 한편, 중앙총부 등에 야학원을 개설하여 한글을 교육하고, 전국의 교당에 하달하여 일제히 문맹퇴치운동文盲退治運動을 전개한다. 이해 10월 정산 종사는 『건국론建國論』을 저술하여 건국의 강령을 밝히고 국력을 배양하는 등의 방법을 제시한다.

원기 31년(1946) 5월 전문적인 교역자 양성기관으로 중앙총부 경내에 유일학림唯一學林, 원광대학교 전신, 학림장 朴將植을 개설하고, 원기 33년(1948) 1월 16일 '재단법인 원불교'의 등록인가를 받는다. 그해 4월 26일 「원불교 교헌」을 통과시킨 다음, 27일 '원불교圓佛敎'라는 정식 교명을 선포한다. 교명의 선포와 관련하여 정산 종사는 "원圓은 곧 만법의 근원인 동시에 또한 만법의 실재인지라, 모든 교법이 원 외에는 다시

한 법도 없는 것이며, 불佛은 곧 깨닫는다는 말이요 마음이라는 뜻이니, 원의 진리가 아무리 원만하여 만법을 다 포함했다 할지라도 깨닫는 마음이 없으면 이는 다만 빈 이치에 불과한 것이다. 그러므로 원불圓佛 두 글자는 원래 둘이 아닌 진리로서 서로 떠나지 못할 관계가 있는 것이라"(『원불교교사』 제2편 5장)고 그 뜻을 밝힌다. 그해 11월에는 서울 한남동에 서울보화원을 설립한다.

원기 34년(1949) 4월 25일 중앙총부 영모원 송림 안에 '대종사성탑大宗師聖塔'을 조성하여 열반 당시 일제의 압력에 의하여 익산 금강리의 공동묘역에 간이탑을 조성하여 안치했던 대종사의 성해聖骸를 옮겨 봉안하고, 26일 중앙교의회에서 '대종사주 성업봉찬회大宗師主聖業奉贊會'를 조직한다. 같은 달에 원광사를 발족하고 7월에 기관지 『원광』을 발행한다. 6.25 한국전쟁으로 모든 사업을 연기했다가 원기 38년(1953) 4월 26일에 제1대 성업봉찬대회를 개최하고, 제1대 전체 교도의 공부·사업·원성적元成績의 내역을 발표하는데 전체 교도 32만여 명, 전무출신 260여 명, 전국의 교당 50여 개소, 기관 18개소의 규모였다. 이날 '대종사성비大宗師聖碑'를 건립하는데, 정산 종사가 찬술한 비문은 원불교를 새 주세회상主世會上, 대종사를 '백억화신百億化身의 여래, 집군성

이대성集群聖而大成'인 주세성자主世聖者임을 분명히 하며, 그 성
업聖業의 계승을 다짐하는 요지를 담고 있다.

　원기 36년(1951) 6월 유일학림 중등부를 개편하여 익
산에 원광중학교교장 朴將植의 설립인가를 받고, 9월 전문부
를 분리하여 원광대학학장 朴光田의 설립을 인가받아 이듬해
인 원기 37년(1952)에 개교하여, 원불교 개교정신에 의한 교
육 사업을 전개하게 되었으며, 이들이 원광학원·원창학원
등의 교육기관으로 발전하는 기틀을 마련한다. 같은 해 중
앙총부에 신룡양로원을 개설하고, 원기 36년(1951) 5월 고
아 수용시설인 익산보화원을 설립 운영하고, 전주양로원·
동래수양원 등을 개설하여 사회복지 시설의 터전을 마련한
다. 원기 40년(1955) 8월 정관평 재방언추진위원회를 조직
하고, 이듬해 4월 공사에 착수하여 원기 45년(1960)에 완공
하여 2만7천여 평의 새 농토를 마련하며, 대종사탄생지·대
각지 등을 매입하여 영산성지靈山聖地의 개발에 착수한다. 그
해 1월의 교무연합회에서 중앙총부의 중앙선원·익산의 동
산선원·영산의 영산선원의 3대 선원禪院 설립이 공고되고, 5
월 북일진료소를 설립한다. 원기 42년(1957) 10월에는 익산
에 동화병원을 개설하며, 원기 46년(1961)에는 예비교무를
양성하기 위한 은산육영재단과 전무출신의 치료·요양을 위

한 법은재단을 설립한다.

원기 41년(1956) 5월에는 수위단회의 의결로 대종경편수위원회를 발족, 원기 42년(1958) 5월에는 교서편수기관으로 중앙총부에 정화사正化社를 발족시켜, 각종 교서편수에 총력을 기울인다. 원기 46년 4월 26일 정산종사는 회갑경축식에서 하나의 세계를 이룩할 기본강령이 되는 '삼동윤리三同倫理'로 동원도리同源道理·동기연계同氣連契·동척사업同拓事業을 발표한다. 이는 "한울 안 한 이치에, 한 집안 한 권속이, 한 일터 한 일꾼으로, 일원세계 건설하자"로 풀이된다. 같은 해 12월 정산 종사는 4대경륜四大經綸인 교재정비敎材整備·기관확립機關確立·정교동심政敎同心·달본명근達本明根을 강조하고, 이듬해인 원기 47년(1962) 삼동윤리를 전법게송으로 발표하고 1월 24일 열반에 든다.

③ 원불교교세 확장시대

정산 종사의 법통을 이어 종법사에 취임한 대산 종사大山宗師, 金大擧, 1914~1998는 전대에 거교적으로 추진해오던 교서편찬사업에 박차를 가한다. 그리하여 같은 해 10월 『정전正典』과 『대종경大宗經』을 합본한 『원불교교전』을 시작으로, 원기 62년(1977) 9종교서九種敎書를 완간하여 『원불교전서』

로 합권발간한다. 원기 48년(1963)부터 개교반백년을 앞두고 4·50년 결실기結實期를 준비하기 위해, 교화 3대 목표로 연원달기·교화단불리기·연원교당만들기의 운동과 함께 법위法位향상운동을 전개한다. 원기 49년(1964) 4월 중앙교의회에서 개교반백년기념사업회를 발족하고, 보화당제약사를 창설하며, 원기 50년(1965) 2월에 교역자고시규정에 따른 교단 최초의 교역자고시가 시행되어 24명의 합격자를 배출한다. 4월에는 총부서울사무소를 열고 이웃 종교들과의 교류를 활성화하며, 월간잡지 『종교계』를 창간한다. 12월에는 한국종교인협회의 창립에 참여하고, 이듬해 원광대학 교학연구회에서 대학생종교제大學生宗敎祭를 거행하여 전국의 종교학도들에게 종교 간의 이해와 대화를 촉구한다.

원기 48년(1963) 원불교중앙청년회를 결성하고, 원기 50년에는 월간신문 〈원불교청년회보〉를 창간하며, 원기 54년(1969) 3월에는 원불교신보사를 설립하여 월간 〈원불교신보〉사장 金正勇를 창간하고, 원불교출판사를 설립하는 등 문화활동에도 힘을 기울인다. 한편 교단 대표가 국제종교회의에 빈번하게 참여하면서 원기 51년(1966) 서세인徐世仁 교무를 일본주재 순교감巡敎監에, 이듬해에는 전팔근全八根·정유성鄭惟誠 교무를 미국주재 교무로 발령하여 해외교화를 모색한다. 같은 해에 박광전朴光田 교무의 「일원상연구」라는 원불교학 최초의 연구논문이 발표되고, 원광대학에 종교문제연구소소장 柳基現가 부설되어 이후 한국신종교 연구의 산실이 되며, 원기 59년(1974)에는 이 연구소에서 교단의 지성을 총동원하여 『원불교사전圓佛敎事典』을 발간한다.

대산 종사는 원기 55년(1970) 3월 교화·교육·자선·훈련·원호·생산의 6대기구 원칙확립을 천명한다. 이듬해 10월에는 중앙총부에 반백년기념관을 기공하고, 7일부터 6일간 기념대회를 개최한다. 원광대학 운동장에서 개최된 반백년기념대회에서는 수만 명이 운집한 가운데, "진리는 하나 세계도 하나 인류는 한 가족 세상은 한 일터 개척하자 하나의 세계"를 선언한다. 영모전·정산종사성탑 건립 등 장엄공사를 전개하고, 교단 내외의 지성을 동원하여 『원불교반백년 기념문총』을 발간하는 등 원불교사상을 사회일반에 널리 알리는 사업을 전개하며, 강연회 등 각종 부대사업과 행사를 진행한다.

원기 56년(1971) 1월에는 교단 초창기의 저축조합 정신을 계승하여 원불교신용협동조합을 설립함으로써 교단 내에 협동조합운동의 전기를 마련하고 각처의 지역주민을 위한 상조조합운동을 전개한다. 이해 3월에 수위단회에서는 중앙선원을 개편하여 중앙훈련원을 설립하기로 결의하고, 원기 59년(1974) 3월에 이를 개원함으로써 각처 훈련원 운영의 기틀을 열었다.

한편, 교단이 해외교화를 추진하는 가운데, 원기 56년 4월에 영역본 『원불교교전』이 간행되고, 원기 57년(1972) 10월에 미국 같은 로스앤젤레스지역에서 법회가 이루어지며, 이듬해 4월에는 로스앤젤레스교당이 주정부로터 종교법인 인가를 받고, 원기 60년(1975) 7월에는 교구 인사교령 朴將植, 교구장 宋靈智가 부임하여 본격적인 교화를 시작한다. 같은 해 7월에 일본어판 『원불교교전』이 번역 출간되고, 원기 62년(1977) 5월에는 오사카大阪교당교무 梁賢秀이 설립된다. 같은 해 3월, 일찍이 원기 33년(1948)에 제정했으나 미루어 오던 교구제를 시행하는데, 원기 65년(1980)에는 국내 14개, 해외 2개 교구가 운영된다.

교육기관에 있어서는 원기 57년(1972) 3월에 원광대학을 종합대학총장 朴光田으로 개편하고, 원기 61년(1976) 1월에는 보건기술인 양성을 위해 동캠퍼스에 원광보건대학학장 金永萬을 설립한다.

원기 59년(1974) 3월 중앙교의회에서는 영산성지사업회를 발족하여 성지개발에 필요한 부지확보 등을 추진하고,

원기 61년(1976) 4월에는 사적 및 유물관리위원회를 두어 문화재에 대한 보존·관리를 담당하게 한다. 같은 해 11월 수위단회에서는 그간에 교화자의 직명으로 사용하던 '교무_{敎務}'를 출가교역자의 대표적인 호칭으로 결정한다. 이듬해 12월에 원불교교수협의회_{회장 金八根}가 발족하고, 원기 63년(1978) 8월에 원불교대학생연합회가 발족하며, 세계불교도회(WFB)에 정식 가입단체 승인을 받는다. 10월 24일, 대산 종사는 주한 로마교황청 대사 류이지 도세나 대주교 내방 환영사에서 "종교연합(UR)의 탄생·공동시장의 개척·심전계발_{心田啓發}의 훈련"이라는 세계평화 3대 제언을 제시하며 "정신과 물질이 조화된 참 문명 세계의 건설에 앞장서자"고 말한다. 같은 달 영모원을 발족하여 원기 65년(1980) 1월 영원묘지사업을 목적으로 한 재단법인 영모묘원의 설립인가를 받고, 원기 69년(1984) 12월에 익산시 왕궁면에 5만 6천 평에 이르는 제1차 묘역공사를 완료하여 알봉 등에 안장되어 있던 재가·출가교도의 열위 이장을 봉행한다.

원기 65년 10월에는 수도권교화의 효율을 기하기 위해 원기 55년(1970) 기공했다가 무리한 사업계획으로 인해 이듬해 공사가 중단된 서울회관의 공사를 재개하여 원기 67년(1982) 10월에 준공하여 교단의 저력을 확인하게 되었다. 원

기 69년(1984) 7월에는 양·한방 종합의료 체계를 갖춘 원광
의료원을 개설하고, 원기 71년(1986)에는 교역자 양성기관인
동산선원과 영산선원을 합병하여 4년제 영산대학으로 체제
를 개편했다. 같은 해 1월 서울에 재단법인 개성유린관을 희
사받아 유린보은동산으로 명칭을 바꾸고 산하에 원광장애
인종합복지관을 개설하고, 원기 75년(1990) 2월 익산에 원광
종합사회복지관을 개설하는 등 이용시설인 복지기관과 수
용시설인 복지시설을 각처에 개설 또는 위탁받아 운영하게
되었다. 8월 2일에는 익산에서 원불교교도 개인택시 모임인
도운회_{회장 梁仁勝}가 창립되었다. 원기 68년(1983) 원불교창립
제2대 및 대종사탄생100주년 성업봉찬회를 발족하여 원기
73년(1988) 원불교창립_{圓佛敎創立} 제2대말 성업기념대회를 마
침에 따라, 명칭을 소태산대종사탄생100주년 성업봉찬회로
바꾸었다.

　　교단에서는 창립 제2대를 마감하고 제3대를 맞으면서
원기 71년(1986) 11월 7일 교정위원회에서 제3대 설계특별위
원회 구성을 발의하고, 이듬해 3월 9일 위원회를 구성하여
교단의 현안문제를 체제제도·교화계획·전무출신제도·인재
육성관리·재정산업·봉공공익 등 6개분야를 나누어 조사연
구하고, 원기 73년 8월 23일 수위단회에 설계안을 상정하여

‘교단 제3대정책의 방향과 지침’으로 채택한다. 원기 75년 10월에는 예비교무교육발전위원회를 발족하여 교육년한 연장(6년제) 등의 안을 마련한다.

성업봉찬사업에는 원기 76년(1991) 4월에 개관한 소태산기념관과 대종사성탑장엄 및 정산종사성탑 이건을 비롯하여, 화동의 잔치 등 각종 예술문화활동이 이루어진다. 원기 75년 2월 4일에는 은혜심기운동중앙추진회를 발족하여 아프리카난민돕기 등 국내외에서 교법의 사회적 실천인 은혜심기운동을 전개하고, 예비교역자인 원광대학교 원불교학과 학생들은 원기 72년(1987) 7월 10일부터 8월 8일까지 시작한 심장병 어린이돕기 자전거 전국투어인 ‘새 생명국토대행진’은 원기 76년(1991)까지 전후 5차에 걸쳐 총 140명의 어린이에게 새 생명을 안겨준다. 편찬사업으로는 원기 74년(1989) 8월 『원불교칠십년정신사』, 원기 76년 4월 『원불교72년총람』 4권, 같은 해 10월 소태산 대종사탄생100주년기념 논문집 『인류문명과 원불교사상』을 발간한다. 기념대회는 이들 사업을 회향하여 “개벽의 성자로 이 땅에 오신 소태산 대종사의 탄생100주년을 경축하고 그 정신과 경륜을 본받아 그 교의와 은혜가 널리 미치게 하여 이 땅에 평화와 낙원이 하루속히 이룩되는 기연이 되게 한다”는 지침과 ‘온 누리에 은혜를!'이라는 주제와 '개벽·은혜·평화'의 강령 아래, 같은 해 4월 27~29일까지 중앙총부와 원광대학교, 영산성지에서 성대하게 개최된다. 원기 77년(1992)에는 성업봉찬회의 관련사업을 결산하고 잉여재산인 토지와 현금으로 일원문화의 연구와 창달을 위해 일원문화연구재단을 설립한다.

④ 원불교 세계화시대

원기 79년(1994) 11월 5일 좌산 종사左山宗師, 李廣淨, 1936~가 종법사에 취임하고, 대산 종사는 상사上師에 추대된다. 이듬해 3월 원불교호스피스회가 결성되고, 원불교UN사무소의 설립이 승인되며, 9월 22일 좌산 종사는 UN을 방문하여 창설50주년 기념행사에서 「세계공동체 건설을 위한 종교간 협력」을 주제로 강연한다. 10월에는 한국원불교학회회장 金正勇가 창립된다. 원기 81년(1996) 3월 14일 정산종사탄생100주년 기념사업회를 발족하여 거교적으로 관련사업을 전개한다. 8월에는 세계종교자유련맹(IARF) 세계대회가 원광대학교에서 열린다. 이듬해 6월 원불교 인터넷 홈페이지를 개통하고, 9월 11일에는 학교법인 원불교대학원대학교의 설립이 교육부로부터 승인되며, 23일에는 원불교전자전서 CD-ROM을 완성한다. 12월에 영산성지고등학교가 특성화학교

로 지정받아 한국교육계에 대안학교代案學校 제도의 문을 연
다. 원기 83년(1998) 2월에는 원음방송의 설립승인을 받고,
12월 4일 중앙총부에 전북원음방송을 개국하여 FM공중파
방송을 시작한다. 같은 해 5월 9일 교화부는 서울에서 제1회
남북한삶통일학교를 개설한다.

　　같은 해 9월 15일 대산 종사는 개교반백년기념대회 선
언문인 '진리는 하나'를 전법게송으로 발표하고, 17일 열반
에 든다. 11월 18일 「정산종사탄생100주년기념 논문집」으
로 기념사업회에서는 『평화통일과 정산종사 건국론』을 발
간한다. 12월 3일 수위단회에서 남자전무출신의 제복제정을
결의하고, 원기 84년(1999) 4월 28일 제복착용을 실시한다.
6월 16일 서울교구산하에 사단법인 아프리카어린이 돕는
모임이사장 朱貞一을 결성하고, 이듬해 1월 25일 제3대 제2회
종합발전계획특별위원회를 구성한다. 원기 85년(2000) 9월
24일에 정산종사탄생100주년 기념대회가 중앙총부와 원
광대학교에서 '통일·평화·상생'을 주제로 하여 열린다. 대
회에서 좌산 종사는 기념법문으로 "이 땅에 도덕을 살려내
고, 하나의 세계를 이루어 내며, 사람마다 마음공부를 하게
하자"고 설한다. 법훈서훈法勳敍勳 봉고식을 비롯하여 다양한
부대행사가 열리며, 원광대학교 주최로 '미래사회와 종교'

를 주제로 국제학술대회를 개최하는 등 각처에서 행사가 이어진다. 특히 이 정산종사탄생100주년인 서기2000년은 새천년을 맞이하는 해로, 한민족은 비원인 남북통일을 갈구하고, 세계는 인류가 같이 번영할 수 있는 보편윤리를 모색하는 상황 아래서 정산종사는 『건국론』를 통하여 민족의 지도자, '삼동윤리'를 통하여 인류의 스승으로 부각된다.

　　원기 87년(2002) 6월 1일에는 중앙총부 전자결재 시스템이 가동되고, 9월 1일에는 미주선학美洲禪學대학원대학교가 개설된다. 원기 89년(2004) 1월 13일 군종軍宗추진 특별교구를 철치하고, 3월 1일 한방건강TV를 개국한다. 5월 1일 원불교종합정보시스템wontis을 개통하고, 11일에는 원불교인권위원회가 종교인인권캠프를 개최한다. 원기 90년(2005) 6월 18일에는 익산성지가 문화재청에 근대문화유산으로 등록되고, 7월 1일에는 탈북청소년을 위한 한겨레중·고등학교가 경기도로부터 용인시에 설립 인가된다. 9월 1일에는 충청남도 논산의 육군훈련소에 첫 법회를 연다. 이듬해 3월 24일 국방부로부터 군종장교軍宗將校 편입대상 종교로 인가받고, 9월 5일에는 익산성지해설사 양성교육반을 개설하며, 21일에는 남원교당에서 다문화多文化가정을 위한 한국어교실을 개원한다.

같은 해 11월 4일에는 경산 종사耕山宗師, 張應哲, 1940~가 종법사에 취임하고 좌산 종사는 상사로 추대된다. 원기 92년(2007) 2월 2일 경산 종사는 5대경륜五大經綸으로 교화대불공敎化大佛供·자신성업봉찬自身聖業奉贊·세계주세교단건설世界主世敎團建設·대자비교단大慈悲敎團·보은대불사報恩大佛事를 발표한다. 11월 4일 원불교100년기념성업회를 발족하며, 경산 종사는 100년대회에 즈음하여 교서를 10개국어로 번역출간하여 봉정하도록 정역위원회 활동강화를 유시한다. 이듬해 11월 9일 성업회의 출범봉고식을 거행한다.

원기 94년(2009)년 9월 원광대학교에 교서번역원인 정역원正譯院, 원장 양현수을 설치하고, 이듬해 10월 24일 충청남도 계룡시 삼군본부三軍本部에 계룡대교당 건립 봉불식이 열리고, 원기 98년(2013) 12월 영산성지에 국제마음훈련원 건립을 착공한다. 이듬해 5월 대산종사탄생100주년을 기념하여 대산종사성탑을 건립하고 『대산종사법어大山宗師法語』를 교서로 편수발간하며, 25일 중앙총부에서 기념대법회를 개최한다. 원기 100년(2015) 11월 30일 원음WBSTV방송을 개국한다.

3. 교리와 제도·조직, 그리고 교세

① 원불교의 교리

대종사는 자신이 깨달은 진리를 일원상(○)으로 상징했는데, 『교헌』에서는 "원불교는 우주만유의 본원이요 제불제성의 심인이며 일체중생의 본성인 법신불 일원상의 진리를 종지로 한다"(제1조)라 밝힌다. 교리도에서는 "일원─圓은 법신불이니 우주만유의 본원이요 제불제성의 심인이요 일체중생의 본성이다"(『정전』)라 정의하고 있는데, 이 일원상의 진리를 최고 종지로 하여 사은四恩·사요四要의 신앙문信仰門과 삼학三學·팔조八條의 수행문修行門 교리를 열고 있다.

신앙문의 사은은 천지은天地恩·부모은父母恩·동포은同胞恩·법률은法律恩으로, 인간이 세상을 살아가는데 있어서 없어서는 살 수 없는 근거와 조건이며, 사요는 자력양성自力養成·지자본위智者本位·타자녀교육他子女敎育·공도자숭배公道者崇拜로,

사회개혁과 평등세계를 실현하는 사회불공법이다. 대종사는 "일원상의 내역을 말하자면 곧 우주만유로서 천지만물·허공법계가 다 부처 아님이 없나니"(『대종경』교의품4)라 하였다. 진리당체인 일원을 현실세계에 펼치면 곧 사은, 다시말하면 일원즉사은—圓卽四恩이다. 이 사은의 피은被恩·보은報恩·배은背恩의 원리를 알고 받들어 나가는 길을 밝힌 것이 신앙문이다. 원만구족圓滿具足하고 지공무사至公無私한 일원상을 신앙의 대상으로 삼아나가면서 이 큰 은혜를 자각하여 항상 감사하고 보은하면 진리의 위력威力을 얻고 진리의 체성體性에 합하게 되어, 자신은 상생상화相生相和의 기운을 얻는 주인공이 된다. 사요는 이 사은의 신앙원리를 현실세계에서 전개하는데 있어서 사회불공의 실천요목이다. 이들 사은과 사요를 합해 인생으로서 밟아야 할 '인생의 요도'로 정하고 있다. 우주만유가 사은으로 얽혀 있으니 인간은 한시도 이 은혜에서 떠날 수 없음을 알아 곳곳마다 부처 있음處處佛像을 알고 일마다 불공事事佛供하는 경외심敬畏心으로 세상 만사를 처리해가자는 것이다.

수행문의 삼학은 정신수양精神修養·사리연구事理硏究·작업취사作業取捨로, 인간의 본성이 일원상과 같은 것이어서 요란함도 없고 어리석음도 없고 그름도 없으나, 본래의 마음이 경계에 끌려 욕심을 일으킴으로써 본성을 잃게 되었으니, 이 수행을 통해 일원상과 같이 원만한 본래 마음을 회복하고, 그 마음을 활용하면 한없는 은혜와 위력을 얻고 갖추게 된다. 이를 성취하기 위해 팔조가 필요한데, 신信·분忿·의疑·성誠의 진행사조進行四條와 불신不信·탐욕貪慾·나懶·우愚의 사연사조捨捐四條가 그것이다. 이 삼학과 팔조를 아울러 인생으로서 수련해야 될 '공부의 요도'로 정하고 있다. 이는 원만구족하고 지공무사한 법신불 일원상을 수행의 표본으로 하여 어느 때 어느 곳에서든지 선禪하는 마음을 놓지 아니하고無時禪無處禪, 수양·연구·취사의 삼대력을 양성하며, 이를 정진하는 과정에서는 신·분·의·성으로써 불신·탐욕·나·우를 끊임없이 제거하자는 것이다.

결국 이러한 신앙과 수행을 통해서 마침내 원만구족하고 지공무사한 법신불 일원상과 계합契合하여 스스로 부처를 이루고 나아가 중생을 제도하며, 제생의세濟生醫世의 목표를 달성하게 된다. 이들 교리체계를 일상생활 속에서 수행修行하도록 간추린 것이 '일상수행의 요법'이며, 이를 위해 크고 작은 다양한 신앙·수행의 방법이 구체적으로 제시된다. 그리고 교리사상을 전체적으로 간추리는 사대강령四大綱領으로 정각정행正覺正行·지은보은知恩報恩·불법활용佛法活用·무아봉공

無我奉公을 두고, 신앙·수행의 결과를 표준하는 법위등급法位等級을 두어 대조하게 하였다.

사상적 특징을 보면, 원불교는 인류역사에서 가장 혼란한 시기에 성립되었다. 당시는 교통·통신이 발달한 가운데 세계가 지구촌을 이룬 시기로, 인류는 물질문명의 이기에 익숙한 가운데 서세동점西勢東漸의 제국주의 사조가 만연한 전쟁의 시대였다. 또한 한국은 사직이 무너지고 외국이 침략하여 식민지지배 아래 생민이 도탄에 빠져 삶의 보람과 희망을 잃고 지내던 시기였다. 이 시기에 민중의 선각자로 깨달음을 열어 새로운 교단을 창립한 대종사는 역사적으로 불법佛法을 주체 삼아 만종교 만사상萬宗敎萬思想을 총섭융통總攝融通하며, 시대사회적으로는 최제우崔濟愚, 1824~1864의 동학 창도東學開創, 1860 이후 신종교사상의 특징을 이루어 온 개벽사상開闢思想을 수용하고 있다. 그러므로 원불교 교단의 정체성을 '새 종교로서 새 불교'라 부른다. 대종사는 나고 자란 고향에서 구도하고 대각하며 구세 경륜을 펴고 있는 것처럼, 원불교 교리는 생활종교로서의 성격을 분명히 한다.

이러한 원불교 교리는 불법으로 생활을 빛내고 생활 속에서 불법을 실현하는 뜻에서 불법의 시대화·생활화·대중화라는 특징이 있다. 도학道學과 과학科學의 병진竝進, 영靈과

육肉의 쌍전雙全, 이理와 사事의 병행竝行, 자력自力과 타력他力의 병진, 동動과 정靜 사이에 선禪을 떠나지 않는 쉼 없는 마음공부가 강조되는 것도 이러한 원리이다. 서울 광화문의 '한국사 약연표'에는 '1916, 박중빈 원불교창립'이라 새겼다. 초등학교 5학년 사회교과서에는 "일본이 우리나라를 지배하고 있을 때, 박중빈은 물질문명만으로는 사람이 참다운 구원을 얻을 수 없으며, 정신을 개벽해야 한다는 생각으로 원불교를 일으켰다. 간척사업을 통하여 자립하는 생활과 여러 사람의 이익을 위하는 생활을 실천하도록 했다. 또 앞으로 다가올 시대에는 우리 민족이 정신적으로 세계를 이끄는 국민이 될 것이라고 하여, 일제의 침략을 받아 어려움을 겪고 있는 우리 민족에게 희망과 용기를 주었다"라 소개하고 있다.

② 조직·제도와 교세

원불교의 조직은 종법사를 정점으로 하여 최고결의기구인 수위단회首位団會가 있고, 집행부인 교정원, 감찰기구인 감찰원, 결의기관인 중앙교의회中央敎議會가 삼권분립형태로 있다. 교정원에는 기획실·교화훈련부·총무부·재정산업부·교육부·공익복지부·문화사회부·국제부가 있고, 지방조직은

교구에 교구장·교구사무국·교구의회, 교당에 교감·교무·부교무 및 교도회장이 있다. 교도는 교역자인 출가교도와 일반 신자인 재가교도로 나누며, 출가교도는 교무教務로 총칭하나 직종으로 교화자인 교무, 전문직 근무자인 도무道務, 보조업무자인 덕무德務로 나누며, 재가교도로 교역자 역할을 하는 원무圓務와 정무正務가 있다.

교역자 배출과정은 출가 서원생을 심사하여 예비교역자를 대상으로, 원광대학교 원불교학과와 영산선학대학교 원불교학과의 정해진 대학과정을 마쳐 교역자고시를 거친 다음, 원불교대학원대학교나 미주선학대학원대학교에서 석사과정 전문교육을 마치고 교역자고시에 합격한 자로 득도得度하여 교무자격을 부여한다.

원기 100년(2015) 현재의 교구는 한국내에 광역지자체와 연계하고 창립지인 영광지역과 중앙총부가 위치한 익산·군산지역을 교구로 편제하고 있으며, 특별교구에 군종교구, 통일을 대비한 평양교구와 원산교구를 상징적으로 두고 있다. 교구별 교당은 강원교구에 19개 교당, 경기·인천교구에 36개 교당, 경남교구에 42개 교당, 광주·전남교구에 49개 교당, 대구·경북교구에 34개 교당, 대전·충남교구에 35개 교당, 부산교구에 55개 교당, 서울교구에 65개 교당, 영광교구에 15개 교당, 전북교구에 82개 교당, 제주교구에 16개 교당, 중앙교구에 40개 교당, 충북교구에 13개 교당이 있어, 특별교구를 제하면 국내에 13개 교구에 500여 개의 교당이 있다. 이 밖에 중앙총부의 총부교당, 정토회교당, 인터넷교당, 원광대학교의 대학교당 등 각 기관에서 교당이 운영되며, 군종교구 산하에 삼군본부의 계룡대교당, 육군사관학교의 화랑대교당 등 10여개소가 운영되고 있다. 해외는 미주동부교구에 15개 교당, 미주서부교구에 10개 교당, 유럽교구에 14개 교당, 일본교구에 6개 교당, 중국교구에 9개 교당 등 5개 교구에 50여 개 교당이 있다. 법인에는 재단법인 원불교를 비롯하여 40여 개가 운영되고 있다.

기관에는 언론문화기관에 원불교신문사를 비롯하여 20여 개소, 교육기관에 원불교대학원대학교를 비롯한 대학·중고교 20여 개소와 유치원·유아원 100여 개소, 훈련기관에 중앙중도훈련원을 비롯하여 20여 개소, 의료기관에 원의원을 비롯해 30여 개소, 산업기관에 원광제약사를 비롯하여 10여 개소, 사회복지기관에 원광종합복지관·이리보육원을 비롯하여 기관·시설 200여 개소, 금융金融 기관에 원광신협을 비롯하여 10여 개소, 연구기관에 정책연구소·원불교사상연구원을 비롯하여 10여 개소가 있다. 단체에는 한국원불교학회·원불교교수협의회·원불교문인협회·원불교에스페란토회·원불교여성회·중앙봉공회·천지보은회·원불교중앙청년회·청운회·원불교대학생회 등 50여 개가 있고, 교단에서 운영하는 남북한삶운동본부·삼동인터네셔널을 비롯한 부설 기관·단체가 다수 있어 활동하고 있다.

신앙의례에는 정례법회定例法會·기도 및 심고心告·천도재薦度齋 등 여러가지가 있다. 교단의 기념일에는 4축祝2재齋가 있다. 4축은 신년하례를 위한 신정절新正節, 1월 1일, 개교기념일인 대각개교절4월 28일, 연원불의 탄신일인 석존성탄절釋尊聖誕節, 음 4월 8일, 창립초기 구인선진들이 기도를 통해 혈인의 이적을 나툰 법인절法認節, 8월 21일이며, 2재는 대종사의 열반일로 교도들의 공동제사기념일共同祭祀記念日인 육일대재六一大齋, 6월 1일, 선조들에게 향례享禮를 올리는 명절대재名節大齋, 12월 1일이다.

4. 원불교전서와 대산종사법어

교서_{敎書}란 원불교의 성전_{聖典} 곧 소의경전_{所依經典}을 통틀어 부르는 말이다. 이에는 『정전_{正典}』·『대종경_{大宗經}』·『불조요경_{佛祖要經}』·『정산종사법어_{鼎山宗師法語}』·『예전_{禮典}』·『성가_{聖歌}』·『원불교교사_{圓佛敎敎史}』이다. 이를 칠대교서_{七大敎書}라 부르며, 이에 『정산종사법어』에 합간한 『세전_{世典}』과 『교헌_{敎憲}』을 합하여 구종교서_{九種敎書}라고도 부른다. 이들 모두를 결집한 『원불교전서_{圓佛敎全書}』가 원불교정화사 편집, 원불교출판사 발행으로 원기 62년(1977) 간행되었다. 그리고 『대산종사법어_{大山宗師法語}』를 원기 99년(2014)에 결집하였다.

①『정전』

『정전_{正典}』은 대종사의 대각에 의해 밝혀진 구세 이념_{救世理念}이 몰록 수록되어 원경_{元經}으로 불린다. 원기 47년(1962)

『대종경』과 합본하여 『원불교교전』으로 발행되었다. 머리에 일원상(◎)과 표어, 교리도가 실려 있다. 『정전』은 3편으로 이루어져 있는데, 제1 총서편總序編은 개교의 동기와 교법의 총설을 밝히고, 제2 교의편敎義編은 일원상을 종지로 하는 교리체계를 밝히고, 제3 수행편修行編은 일상수행의 요법을 비롯한 수행체계를 밝히고 있다. 성립과정을 보면, 대종사 대각 당시의 최초법어를 비롯한 구술 시대口述時代를 거쳐, 『수양연구요론』(원기12) 과 『보경육대요령』(원기17) 등의 초기 교서들을 결집하여 대종사가 친감親鑑한 『불교정전』이 원기 28년(1943) 발간되고, 원기 47년(1962) 이를 재편再編한 것이 『정전』이다.

②『대종경』

『대종경大宗經』은 대종사의 언행록言行錄으로 『정전』의 원리를 현실생활에서 사통오달四通五達로 활용했다는 뜻에서 통경通經으로 불린다. 대종사의 교화활동 즉 구세제인의 기간은 구도 기간을 제외하면, 원기 원년(1916) 대각에서부터 원기 28년(1943) 열반까지 전후 28년간이다. 이 기간의 언행록이 『대종경』으로 결집되었으며, 구성은 서품序品·교의품敎義品·수행품修行品·인도품人道品·인과품因果品·변의품辨疑品·성리

아침을 깨우는 지혜법문

품_{性理品}·불지품_{佛地品}·천도품_{薦度品}·신성품_{信誠品}·요훈품_{要訓品}·
실시품_{實示品}·교단품_{教團品}·전망품_{展望品}·부촉품_{附囑品}까지 총
15품 547장이다.

③『불조요경』

『불조요경_{佛祖要經}』은 불법을 주체로 한 교법을 갖춤에
있어서 관련 있는 불경과 조사어록을 선정하여 연원 경전으
로 삼은 것으로, 원기 50년(1965)에 발행되었다. 이에는 불
경에『금강경』을 비롯하여『반야심경_{般若心經}』·『사십이장경
_{四十二章經}』·『현자오복덕경_{賢者五福德經}』·『업보차별경_{業報差別經}』
이 있고, 조사어록에『수심결_{修心訣}』·『목우십도송_{牧牛十圖頌}』·
『휴휴암좌선문_{休休庵坐禪文}』을 합하여 8가지 전적_{典籍}이다. 성
립과정을 보면, 대종사가 대각 후 열람하여 불법에 연원하
게 된『금강경』을 비롯하여 여러 전적으로 초창기 교단에서
『회보』등에 번역하고 강설하면서 사용해 오다가, 원기 28
년(1943)『불교정전』권2에 불경 6권과 조사어록을 3권_卷에
결집발행했는데, 원기 50년(1965) 이를 재편한 것이『불조요
경』이다.

④『세전』

『세전世典』은『정산종사법어』의 1부로, 정산종사의 찬술이다. 인간이 세상에 태어나서 살아가는 도리를 밝힌 것으로,『법어』와 합본하여 원기 57년(1972) 발행되었다.『세전』은 총서總序·교육敎育·가정家庭·신앙信仰·사회社會·국가國家·세계世界·휴양休養·열반涅槃·통론通論의 10장으로 구성되었다.

⑤『정산종사법어』

『정산종사법어鼎山宗師法語』는『세전』과 합간된 제2부의 『법어』로, 정산종사의 언행록이다. 대종사의 상수 제자로서 초창기 교단창립에 참여하고, 원기 28년(1943) 스승의 열반에 이어 종법사에 취임하여 원기 47년(1962) 열반에 이르기까지 행한 법어가 수록되어 있다. 이를 기연편機緣編·예도편禮道編·국운편國運編·경륜편經綸編·원리편原理編·경의편經義編·권도편勸道編·응기편應機編·무본편務本編·근실편勤實編·법훈편法訓編·공도편公道編·도운편道運編·생사편生死編·유촉편遺囑編의 총 15편 648장으로 구성되어 있다.

⑥『예전』

『예전禮典』은 인간 삶에 있어서 예의범절 및 관련 의례

작법으로, 『성가』와 합본으로 원기 53년(1968) 편집 발행되었다. 총 4편과 부록 예문편_{例文編}으로 구성했는데, 총서편_{總序編}에서는 예_禮의 대의와 함께 새로운 예전이 필요한 연유를 밝혔다. 통례편_{通禮編}은 일상생활에 있어서 각종 예에 대한 해설로 총설_{總說}·평거_{平居}·태도_{態度}·의제_{衣制}·경례_{敬禮}·기거_{起居}와 진퇴_{進退}·언어_{言語}와 응대_{應待}·수수_{授受}와 진철_{進撤}·방문_{訪問}과 응접_{應接}·초대_{招待}·식사_{食事}·환영_{歡迎}과 송별_{送別}·축하_{祝賀}와 조위_{弔慰}·소개_{紹介}와 증답_{贈答}·통신_{通信}과 교통_{交通}·공중_{公衆}과 공용_{共用}·국민_{國民}과 국제_{國際}·염치_{廉恥}와 신의_{信義} 등 18장이다. 가례편_{家禮編}은 가정생활에서 필요한 예식으로 관_冠·혼_婚·상_喪·제_祭 등 사회에서 통하는 의식질서의 의미와 요령과 절차를 총설_{總說}·출생_{出生}·성년_{成年}·혼인_{婚姻}·회갑_{回甲}·상장_{喪葬}·재_齋·제사_{祭祀} 등 8장이다. 교례편_{敎禮編}은 원불교 교단의 각종 예식전범으로 총설_{總說}·봉불_{奉佛}·법회_{法會}·득도_{得度}·은법결의_{恩法結義}·승급_{昇級}·대사_{戴謝}·봉고_{奉告}·특별기도_{特別祈禱}·경축_{慶祝}·교회장_{敎會葬}·대재_{大齋}·교의_{敎儀} 등 13장으로 수록하였다. 부록의 예문편은 가정과 교당에서 사용하는 예식문안을 통용경문_{通用經文}·가례예문_{家禮例文}·교례예문_{敎禮例文}·표기_{標旗}·위폐_{位牌}·묘위_{廟位}의 예를 담았다. 성립과정을 보면, 교단 창립기의 저축조합에서 나타나는 허례폐지 등의 전통과 교리상

의 영육쌍전·이사병행 등의 특성은 일찍부터 원불교의 예
법을 혁신예법으로 부르며, 1935년에는『예전』을 결집하여
시행했는데, 이를 재편한 것이 현재의『예전』이다.

⑦『성가』

『성가聖歌』는 원불교의 찬송가로 새 회상會上·찬송讚頌·
교단敎團·법회法會·의식儀式·교리敎理·신조信條·수행修行·일과
日課·낙도樂道·무궁無窮한 성업聖業의 11부 126곡을 수록하였
다. 성립과정에서 보면, 원기 21년(1936)의『회원수지』에 실
려 있는「회가(물욕충만 이 세상에)」를 비롯하여 대종사 당대
부터 성가를 불러왔는데, 원기 50년대에 이르러 다양한 성
가를 갖추면서 임시교재를 마련해 사용하다가, 원기 53년
(1968) 교서로 정비된 것이다. 이후 새로운 성가를 '교화敎化'
라는 이름으로 추가하여 원기 95년(2010) 현재 162 곡이 수
록되어 있다.

⑧『원불교교사』

『원불교교사圓佛敎敎史』는 내제內題에 '개교반백년교단사
開敎半百年敎團史'라 밝히고 있는 것처럼, 대종사의 탄생부터
구도과정과 대각, 그리고 교단형성사를 밝힌 반백년의 역

사서로, 원기 60년(1975) 발간되었다. 총3편으로, 제1편 '개벽의 여명'은 대종사가 탄생한 신묘(1891)부터 교단을 사회에 공개한 원기 9년(1924)까지를 담고, 제2편 '회상의 창립'은 이로부터 원기 35년(1950)의 한국전쟁까지, 제3편 '성업의 결실'은 대종사 추모사업이 이루어진 당시부터 원기 56년(1971) 개교반백년기념대회까지를 담고, 끝에 교단사 관련 인물명부를 부록으로 싣고 있다. 성립과정에서 보면, 원기 22~23년(1937~1938) 정산 종사가 창립제1대1회인 원기 12년(1927)까지를 찬술하여 『회보』에 연재한 『불법연구회창건사』를 모체로 하여 이후의 역사를 엮어 이룬 것이다.

⑨ 『교헌』

『교헌敎憲』이 이들 밖에 있다. 이는 원불교 교단의 기본 헌장으로, 원기 61년(1976) 발간되었다. 총강總綱·교단敎團과 교도敎徒·교제敎制·중앙총부中央總部·교구敎區와 교당敎堂·기관機關과 단체團體·교산敎産과 회계會計·부칙附則의 8장 91조로 구성되어 있다. 성립과정을 보면, 초기교단의 저축조합과 불법연구회기성조합에서부터 철저하게 법규를 갖춘 조직을 운영해 왔는데, 특히 원기 9년(1924) 불법연구회 창립총회에서 불법연구회규약을 마련하고 이를 원기 12년(1927) 『불법연구회규약』으로 인쇄하면서 법적 체제를 분명히 했다. 해방 후 1947년 재단법인원불교의 등록인가를 받고 이듬해 총대회總代會에서 제정된 「원불교교헌」을 시대 환경의 변화와 교세의 확장에 따른 제도적 보완을 거치며, 원기 43년(1958, 1차)·원기 49년(1964, 2차)를 거쳐 원기 62년(1977, 3차) 개정한 것이 이 인쇄본이다. 이후 원기 74년(1989, 4차)·원기 84년(1999, 5차) 개정하고, 이에 따른 시행규칙 등 각종 법규가 갖추어져 있다. 이렇게 발간된 칠대교서를 합간한 것이 원기 62년(1977)의 『원불교전서』이다. 다만 이후의 재판부터는 시대상황에 따라 개정을 요하는 『교헌』을 이에서 제외하였다.

⑩ 『대산종사법어』

『대산종사법어大山宗師法語』가 원기 99년(2014)에 교서로 편수발간되었다. 이는 대산 종사의 언행록이다. 대산 종사는 원기 47년(1962) 정산 종사를 이어 종법사위에 올라 원기 79년(1994) 퇴임하고, 상사로 원기 83년(1998)에 열반에 들었는데, 이 기간 중의 법문이다. 이를 신심편信心編·교리편教理編·훈련편訓練編·적공편積功編·법위편法位編·회상편會上編·공심편公心編·운심편運心編·동원편同源編·정교편政教編·교훈편教訓編·거래편去來編·소요편逍遙編·개벽편開闢編·경세편經世編의 총 15

편 699장으로 구성하였다.

    * 본고는 『원불교전서』(원불교출판사, 2016)의 일본어 번역판 후기인 '원불교의 가르침과 성전'의 한글문이다. 원불교의 안내를 위한 것으로, 마지막의 『원불교전서』 일본어역 과정부분을 생략하였다.

아침을 깨우는 지혜법문

인쇄	2017년 4월 28일 초판 1쇄 인쇄
발행	2017년 5월 3일 초판 1쇄 발행
저자	양현수
펴낸이	주영삼
책임편집	천지은
디자인	김지혜
펴낸곳	원불교출판사
출판신고	1980년 4월 25일(제1980-000001호)
주소	전라북도 익산시 익산대로 501
전화	063)854-0784
팩스	063)852-0784

www.wonbook.co.kr

값 13,000원

ISBN 978-89-8076-293-4(03200)